IDENTIDADE VISUAL

 Os livros dedicados à área de *design* têm projetos que reproduzem o visual de movimentos históricos. As aberturas e títulos deste módulo, com elementos fragmentados, formas aleatórias, mistura de tipografia e estilos e brincadeiras visuais, relembram o *design* pós-moderno, muito forte nos anos 1980.

IDENTIDADE VISUAL

Anna Carvalho

Rua Clara Vendramin, 58 . Mossunguê . CEP 81200-170 . Curitiba . PR . Brasil
Fone: (41) 2106-4170 . www.intersaberes.com . editora@intersaberes.com

Conselho editorial
Dr. Ivo José Both (presidente)
Dr. Alexandre Coutinho Pagliarini
Drª Elena Godoy
Dr. Neri dos Santos
Dr. Ulf Gregor Baranow

Editora-chefe
Lindsay Azambuja

Gerente editorial
Ariadne Nunes Wenger

Assistente editorial
Daniela Viroli Pereira Pinto

Edição de texto
Guilherme Conde Moura Pereira
Floresval Nunes Moreira Junior
Caroline Rabelo Gomes

Capa
Charles L. Silva (design)
Patty Chan/Shutterstock (imagem)

Projeto gráfico
Bruno Palma e Silva

Diagramação
Renata Silveira

Equipe de *design*
Débora Gipiela

Iconografia
Sandra Lopis da Silveira
Regina Claudia Cruz Prestes

Dados Internacionais de Catalogação na Publicação (CIP)
(Câmara Brasileira do Livro, SP, Brasil)

Carvalho, Anna
   Identidade visual/Anna Carvalho. Curitiba: InterSaberes, 2021.

   Bibliografia.
   ISBN 978-65-5517-475-5

   1. Branding (Marketing) 2. Comunicação visual 3. Logotipo 4. Marca de produtos 5. Rótulos I. Título.

21-71512   CDD-658.827

Índices para catálogo sistemático:
1. Identidade visual: Marcas: Administração   658.827

Cibele Maria Dias – Bibliotecária – CRB-8/9427

1ª edição, 2021.

Foi feito o depósito legal.

Informamos que é de inteira responsabilidade da autora a emissão de conceitos.

Nenhuma parte desta publicação poderá ser reproduzida por qualquer meio ou forma sem a prévia autorização da Editora InterSaberes.

A violação dos direitos autorais é crime estabelecido na Lei n. 9.610/1998 e punido pelo art. 184 do Código Penal.

Sum*ário*

Apresentação 8

1 **Identidade visual e identidade de marca** 14

1.1 Identidade visual 15

1.2 Forma e função 16

1.3 Sintaxe visual 19

1.4 Combinações 25

1.5 Cores e suas aplicações 26

1.6 Identidade de marca 33

2 **Componentes da identidade visual** 50

2.1 Introdução aos componentes da identidade visual 51

2.2 Sinais e símbolos 53

2.3 Pictogramas 64

2.4 Processo criativo 68

2.5 Logomarcas e logotipos 70

2.6 Símbolos e *storytelling* 77

3 Regras de composição visual 86

3.1 Panorama histórico das técnicas de composição visual 87

3.2 Princípios básicos da composição visual 99

3.3 Organização de módulos em composições visuais 108

3.4 Arte e sensibilidade no *design* 118

4 Objetivos de criação de uma identidade visual de marca 122

4.1 Fundamentos da identidade visual 123

4.2 Matriz de identidade de marca 125

4.3 Pontos de contato 138

4.4 Elementos da identidade visual 140

5 Metodologias de identidade visual e estratégias de *branding* 152

5.1 Metodologias de identidade visual 153

5.2 *Branding* 168

6 Plataforma e arquitetura de marca 184

6.1 Pressupostos da plataforma e da arquitetura de marca 185

6.2 Plataforma de marca 187

6.3 Arquitetura de marca 196

6.4 Propriedade intelectual 203

6.5 Licenciamento de marca 207

6.6 Marcas mutantes 209

6.7 Ferramentas para o desenvolvimento de sistemas de identidade visual 214

Considerações finais 216

Referências 219

Sobre a autora 226

Apresen-
tação

A elaboração de um livro exige diferentes competências que são adquiridas ao longo da vida do autor, pois demanda variados conhecimentos, experiências pessoais e pesquisa sobre o contexto histórico-social relativo ao assunto. Podemos dizer que um livro é fruto de uma conjunção de ideias e elementos que formaram o autor e permitiram a ele fazer uma análise sobre o tema, considerando as teorias e práticas já delimitadas por outros autores e a limitação de ter de reunir muitas informações sobre um só conteúdo em uma quantidade reduzida de páginas. Neste caso em específico, sobre o universo da identidade visual.

Com base nessas prerrogativas, podemos dizer que o livro não finaliza a discussão na sua última página; ele deve ser o chamariz para outros conteúdos, ou seja, assuntos apresentados em outros livros, artigos, outras pesquisas, metodologias e práticas sociais e mercadológicas. Afinal, vivemos um momento de transmutação e interdisciplinaridade de informações que requer uma atualização constante sobre determinados temas, especialmente com relação à identidade visual, cuja evolução é constante.

No processo de elaboração deste material, contamos com um referencial bibliográfico atual, levando em consideração trabalhos centrais sobre o tema, muitos dos quais apresentam versões em português – o que facilita a busca por outras análises por parte dos alunos. A ideia consiste em reunir esse conjunto de autores, em sua maioria pesquisadores brasileiros, de modo a trazer uma pluralidade de conhecimento.

Sendo assim, este livro apresenta diferentes facetas sobre o campo da identidade visual, com o intuito de agregar novos conhecimentos por meio da reunião de elementos bibliográficos, que se complementam com os dois principais guarda-chuvas que o aluno pode encontrar: o manejo criativo e a inteligência de negócios. Logo, a obra foi construída de modo a abordar aspectos tanto da criatividade e da análise de símbolos, cores, composição, formas etc. quanto do negócio, isto é, da aplicação do sistema criativo para demarcar a identidade visual de uma marca. Por isso, abordamos aspectos da inteligência de negócios por meio da criação e gestão de marcas e do *branding*.

Esses assuntos são apresentados com uma linguagem acessível e didática, pois se trata de um tema que perpassa aspectos da comunicação, logo, deve informar de maneira clara para os alunos. O livro é composto por seis capítulos, sendo os três primeiros voltados para saberes da ordem da criação, das artes e da comunicação e os três últimos voltados para a gestão de negócios baseada nessas práticas artísticas.

Apesar de tratarem de assuntos complementares, os capítulos podem ser lidos de maneira independente, apesar de que, ao longo de cada um deles, citamos outros capítulos ou fazemos alguma referência aos demais, mostrando que os assuntos não deixam de se conectar.

Com relação à estrutura dos capítulos, procuramos nos ater a questões políticas e culturais para introduzir brevemente os temas, levando em consideração o contexto social mundial. Assim, conseguimos trazer exemplos e comentários pertinentes à construção do pensamento do aluno. Afinal, a formação do profissional não se encerra nos aspectos característicos da disciplina, é preciso entender o contexto em que ela é discutida.

Por fim, podemos dizer que esta obra não resolve todos os assuntos relacionados à identidade visual, pois se trata de um tema em constante construção. Logo, é possível que o aluno encontre conceitos divergentes em outros livros, mas o conhecimento também se constrói assim: no embate entre diferentes sabedorias e nas aplicações práticas no dia a dia do mercado de trabalho.

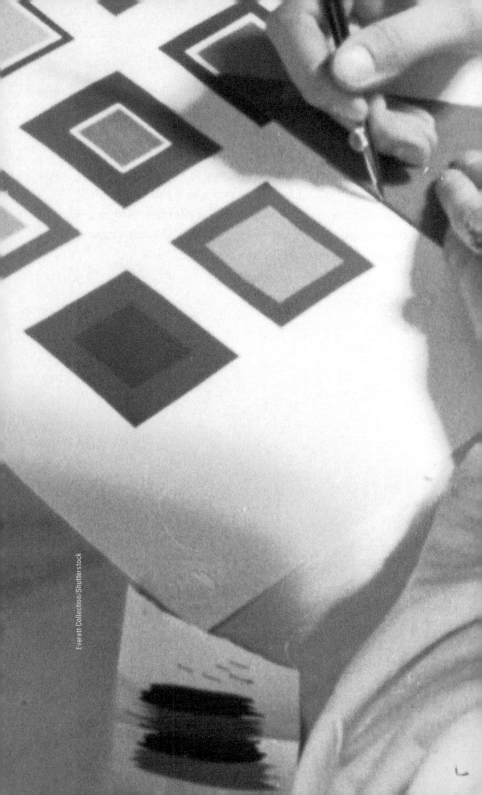

Capí-tulo 1

IDENTIDADE VISUAL E IDENTIDADE DE MARCA

1.1 Identidade visual

Ao andar por uma cidade, você já deve ter percebido que uma infinidade de marcas ajuda a compor o cenário cotidiano. Dos anúncios em transporte público aos panfletos, passando pelos semáforos (ou sinaleiras, ou sinais, dependendo do estado onde se vive), somos constantemente confrontados por mensagens de empresas que tentam atrair nossa atenção.

Na vida cotidiana, quando estamos no trânsito, por exemplo, precisamos compreender a diferença entre os sinais de atravessar e de parar, expressos por signos que compõem a organização da sociedade tal como a conhecemos. Da mesma forma, as marcas de produtos e serviços que atravessam nosso caminho criam espaços de familiaridade que acessamos todos os dias.

Marcas são ações de venda e divulgação de empresas e ideias. Também são composições visuais de cores e formas. Na área de criação e no *design*, é interessante perceber a importância de elementos visuais como cores, texturas e formas na construção de mensagens e produtos que realmente possam captar a atenção do público. Esse é o papel do *designer* e do publicitário, e é assim que empresas criam suas **identidades de marca**.

Nas mais distintas mídias, como revistas, televisão, cinema, jornais etc. somos confrontados costumeiramente por marcas com significados, formas e conteúdos que obedecem a interesses específicos, vinculados aos objetos que constituem. Compreender as formas, os contextos e os usos de tais elementos será uma das tarefas deste capítulo.

A expressão visual humana apresenta uma diversidade de significados que precisam ser compreendidos por cada vez mais pessoas. Ao longo do tempo, a composição criativa gerou estratégias e técnicas, que guardam implicações psicológicas e fisiológicas. Desde as primeiras pinturas rupestres até a produção do *design* gráfico, em *softwares* e plataformas avançadas, as empresas usam elementos visuais como recurso de comunicação para construírem suas mensagens e criarem suas próprias imagens, que constroem sua identidade em relação a seu público. Compreender de que forma os elementos gráficos geram identidades visuais e, assim, constituem as identidades de marca das corporações também é um objetivo deste capítulo.

1.2 Forma e função

Segundo Donis A. Dondis (1997, p. 7), "Ver é uma experiência direta, e a utilização de dados visuais para transmitir informações representa a máxima aproximação que podemos obter com relação à verdadeira natureza da realidade". Vejamos, a seguir, as formas básicas envolvendo o *design*.

Figura 1.1 – **As formas básicas e o *design***

Nos idos do século XX, quando a modernidade acelerou diante de um novo cenário de invenções nos transportes e nas artes, a imagem, de seu lugar de culto, invadiu o cotidiano do homem, percurso reforçado pelo surgimento da câmera, nos fins do século XIX. Podemos perceber a importância desse invento na afirmação de Dondis (1997, p. 3): "o advento da câmera é um acontecimento comparável ao do livro, que originalmente beneficiou o alfabetismo".

Assim, se na formação humana e na arte a construção de imagens consolidou campos de conhecimento, a partir do momento em que a reprodução de imagens em larga escala encontrou seu lugar no cotidiano, surgiu espaço para que movimentos artísticos e sociais como o *design* passassem a pensar e criar industrialmente, com base em elementos visuais cuja função teria tanta importância quanto a forma.

Na esteira do surgimento do *design*, como lugar de criação de formas e funções, criou-se uma sintaxe visual que compõe o modo pelo qual conhecemos as empresas e suas identidades, cujas particularidades serão identificadas a seguir. Em primeiro lugar, precisamos compreender que o objetivo da combinação de elementos visuais é semelhante ao da escrita: criar mensagens que sejam identificadas por todas as pessoas. Dessa maneira, os elementos que compõem a identidade visual, como a cor, o tom, a linha, a textura e a proporção, organizam-se para criar imagens, contextos, significados e construir o universo da criação e, consequentemente, o universo cotidiano no qual tais imagens encontrarão significados e transmitirão mensagens e modelos de negócios para práticas sociais tão prosaicas quanto atravessar uma rua ou escolher um produto no supermercado. Se olharmos à nossa volta, de fato, perceberemos que estamos cercados de identidades e marcas criadas entre a beleza da forma e a exigência da função.

Se a funcionalidade que estrutura a comunicação visual de marcas obedece a uma criação com fins específicos, há – para além de estratégias de *marketing* – elementos, como cores e formas, que devem ser utilizados, de modo a possibilitar a criação de mensagens visuais (com componentes físicos e psicológicos) com potencial de serem compreendidas por todos.

Vamos imaginar, por exemplo, que estamos em uma agência publicitária, em uma sala de reuniões, com o *briefing* da identidade visual de um cliente sobre a mesa. Caberá à equipe de criação interpretar o pedido feito de acordo com critérios não somente estéticos, como cores e formas, mas também que obedeçam àquilo que o cliente deseja comunicar. Assim, a equipe deverá combinar elementos visuais para criar a mensagem que atinja o resultado pretendido pelo cliente. Contudo, quais são esses elementos? Vamos compreendê-los nas próximas seções.

1.3 Sintaxe visual

De acordo com Dondis (1997, p. 12), "Qualquer acontecimento visual é uma forma com conteúdo, mas o conteúdo é extremamente influenciado pela importância das partes constitutivas, como a cor, o tom, a textura, a dimensão, a proporção e suas relações compositivas com o significado". Considerando essa afirmação, podemos perceber que tais elementos, associados à técnica, constroem formas e sentidos que dependem tanto da visão de quem cria quanto do olhar de quem observa.

Por meio de estudos da psicologia e da estética, foi possível perceber que cada um dos componentes visuais era identificado e compreendido pelo ser humano de uma forma particular. Logo, na comunicação visual aplicada a marcas, o ponto funciona como a unidade visual mínima, sendo articulado com a linha e, consequentemente, gerando formas básicas como o círculo, o quadrado ou o triangulo.

Se, por um lado, podemos traçar uma linha entre múltiplos pontos, criando formas, por outro, podemos determinar a direção ou o impulso de movimento entre as formas, com proporções e dimensões específicas, de acordo com sua função. A percepção do movimento acontece na medida em que ele dialoga com nossa experiência cotidiana. O movimento está, em última instância, no olho do observador.

Além disso, cada ponto constrói linhas, que criam formas com dimensões estabelecidas pela maneira como os objetos ocupam o espaço. Um modo de visualização dessas dimensões se dá por meio da perspectiva. Podemos avançar um pouco e afirmar que essa dimensão tem cores e texturas, que tornam as mensagens visuais portadoras de significados bastante específicos e que se relacionam tanto com a superfície do material (textura) quanto com a incidência de luz nele (cor). Todos os elementos visuais são capazes de se modificarem e se definirem mutuamente. Na seção a seguir, conheceremos as formas básicas que compõem uma identidade visual.

1.3.1 Formas básicas de identidade visual

Agora que conhecemos, de forma resumida, os elementos básicos da sintaxe visual que estrutura as identidades de marca, é necessário saber que há duas leis que regem sua combinação (Dondis, 1997):

- **Lei da atração**: quanto maior for a proximidade entre dois elementos, maior é a atração entre eles.
- **Lei do agrupamento**: quando dois elementos são agrupados em proximidade, eles tendem a formar uma imagem em comum para o olho do observador.

Além da combinação dos elementos, há um componente primordial que, conjugado à composição visual, constrói o significado: a percepção humana. De fato, graças a estudos dos psicólogos da *gestalt*, foi possível identificar que as formas também são construídas pela maneira com que o indivíduo percebe as imagens. Nos padrões visuais, existem, assim, estímulos intelectuais e psicológicos que, somados, criam um significado. O psicólogo austríaco Cristian von Ehrenfels, no final do século XIX, apresentou esses critérios pela primeira vez, na Universidade de Graz, ao indicar que a percepção coordena diferentes elementos das imagens e é distinta para cada pessoa.

Pensar no equilíbrio sob o aspecto do *design* aplicado a identidades visuais consiste em observar que, além da combinação dos elementos, há a percepção do homem com relação à organização do mundo onde vive. Normalmente, a ideia de equilíbrio diz respeito à relação estabelecida entre os eixos horizontal e vertical (eixo visual do sentido). Além disso, podemos identificar a área axial como o lugar para onde o olhar primeiramente se dirige.

Assim, dizemos que uma determinada composição está em equilíbrio quando todas as suas partes estão em harmonia com o eixo visual de sentido e têm o mesmo peso. Nessa perspectiva, formas regulares conferem estabilidade ao conjunto, e o desajuste com o eixo visual tensiona a composição. Podemos identificar dois componentes na busca do equilíbrio visual de uma imagem: nivelamento × aguçamento. O primeiro diz respeito à busca por equilibrar todos os elementos de uma composição, eliminando tensões na relação entres eles. O segundo, ao contrário, se refere a tensionar os elementos com um objetivo específico. Desse modo, o valor de cada aspecto reside na forma como este é utilizado na comunicação. Analise, na Figura 1.2, como se estruturam as cores no *design*.

Figura 1.2 – **Círculo de cores**

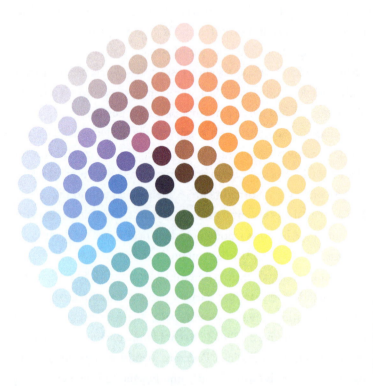

Os eixos de sentido ajustados tendem a não captar tanto nossa atenção quanto os elementos que se posicionam em zonas não niveladas, ou seja, com bastante tensão. Quando o material visual se ajusta às nossas expectativas em relação ao eixo sentido, à base estabilizadora horizontal, ao predomínio da área esquerda do campo sobre a direita e da metade inferior do campo visual sobre a superior, estamos diante de uma composição nivelada, que apresenta um mínimo de tensão. Caso predominem as condições opostas, lidamos com uma composição visual de tensão máxima.

Em cada elemento, uma carga de significado divide-se entre aquilo que o criador pretende realizar na composição e, em igual medida, o sentido apreendido pelo público. Na sequência, abordaremos os significados das formas básicas e seus usos pelo *design* na criação de identidades visuais.

Ponto, linha e movimento

O ponto é a formulação mais comum na natureza. Ele marca inícios e localizações precisas e identifica uma unidade. Quando colocamos um ponto em movimento, obtemos uma linha, que percorre um determinado espaço, construindo um percurso em uma direção determinada.

A linha tem enorme energia e movimento, sendo fundamental para criar o que não existe, transmitir a ideia de uma experiência e materializar tudo aquilo que é imaginado pelo homem, dialogando diretamente com a temporalidade. No *design*, ponto e linha eliminam a superficialidade, tal que mantêm apenas o fundamental.

De acordo com a referência da linha ao eixo vertical ou horizontal, diz-se que esta se encontra em equilíbrio ou desequilíbrio. O eixo vertical-horizontal constitui a referência primária do homem, em termos de bem-estar e maneabilidade. Seu significado mais básico tem a ver não apenas com a relação entre o organismo humano e o meio ambiente, mas também com a estabilidade em todas as questões visuais.

Se a referência ao eixo horizontal-vertical indica equilíbrio, o que dizer da linha diagonal? Caso você observe a seu redor, verá que grande parte das imagens de mídias, filmes, publicidade utilizam-se do eixo diagonal para indicar movimento, instabilidade e dinamismo. É a força direcional mais instável e, consequentemente, mais provocadora das formulações visuais. Seu significado é quase sempre perturbador.

Da mesma forma que as linhas diagonais sugerem dinamismo, as curvas remetem ao conforto, ao movimento natural do mundo e ao acolhimento.

Círculo, quadrado e triângulo

Retomando Dondis (1997), podemos identificar que, ao criar uma forma, a linha materializa um objeto e, consequentemente, seu significado. Logo, partindo para a criação das formas básicas como o círculo, o quadrado e o triângulo, é possível identificar sentidos diferentes para cada componente.

Nesse sentido, ao "quadrado se associam enfado, honestidade, retidão e esmero; ao triângulo, ação, conflito, tensão; ao círculo, infinitude, calidez, proteção" (Dondis, 1997, p. 33). Todos os significados associados às formas são largamente utilizados pelo *design*, visto que, na área, a composição visual deve identificar o uso de cada forma na produção de sentido em comum.

Historicamente, o *design* que sustenta projetos de identidade de marca se utiliza das formas básicas para se libertar da obrigatoriedade da representação, desde o surgimento da fotografia, no final do século XIX. Movimentos artísticos, como o suprematismo russo, pautaram suas criações na necessidade de simplificar a forma, sem perder, contudo, a busca pelo belo.

> **Agora, uma pausa**
>
> Fazendo o mesmo exercício de percepção, olhe a seu redor e tente identificar, em diferentes imagens publicitárias, os usos da forma circular. Você concorda com o sentido atribuído, aqui, a esse tipo de forma?

1.4 Combinações

Para Rudolf Arnheim (2000, p. 10), "A obra de arte é a imagem que se percebe, não a tinta". Sendo assim, a imagem criada não considera apenas um elemento, mas a combinação deles, de modo que se constitui tanto daquilo que é criado pelo artista quanto do que é percebido pelo público.

No arranjo das formas – linhas, pontos, círculos, quadrados ou triângulos –, o significado da mensagem será totalmente composto, estejam tais elementos em equilíbrio ou não. Cabe ressaltar que o equilíbrio, nesse caso, não quer dizer uma "Simetria, na qual, por exemplo, as duas partes de uma composição são iguais" (Arnheim, 2000, p. 32). Desse modo, podemos entender que determinada imagem se encontra em equilíbrio se a direção e o peso de suas formas, uma vez combinadas, proporcionam um todo harmônico, reflexo do uso atribuído pelo *designer* à sua produção.

No mundo de nossos corpos, em que a física determina o modo como nos apropriamos do tempo e do espaço, chamamos de *peso* a intensidade da força gravitacional que atrai os objetos para baixo. Pode-se observar uma atração semelhante (para baixo) nos objetos pictóricos e escultóricos, mas o peso visual manifesta-se em outras direções também. Por exemplo, quando olhamos para os objetos de uma pintura, seu peso parece provocar tensão, ao longo do eixo que os liga aos nossos olhos, e não é fácil dizer se eles se afastam de nós ou se eles avançam em nossa direção. Apena podemos dizer que o peso é sempre um efeito dinâmico (Arnheim, 2000).

Assim como um objeto isolado tende a ser visto como pesado, algumas cores, como o vermelho, são, de acordo com pesquisas da psicologia, mais pesadas do que as cores frias. O que não podemos esquecer é a necessidade de pensarmos a criação, no *design*, como um constante diálogo de elementos que isoladamente não apresentam um significado. Uma vez unidos, de acordo com a intenção do *designer* – sempre inserido em um determinado contexto espaço-temporal –, a mensagem visual pode gerar impacto no público a que se destina.

1.5 Cores e suas aplicações

No início do século XX, surgiu o movimento artístico *art nouveau*, como uma forma de criação que se apropriou de espaços comerciais, por meio de cartazes e outros objetos. Nessa tendência, a forma, a cor e a função são a alma da produção. Não é à toa que os elementos cromáticos são fundamentais na construção da identidade de uma marca ou um produto, por exemplo.

O que é identidade visual?

Segundo Modesto Farina (1990, p. 128), autor de *Psicodinâmica das cores em comunicação*, "trata-se do conjunto de elementos que representam uma empresa ou instituição". A cor é o "signo de comando da identidade visual" (Farina, 1990, p. 129), o fato essencial na escolha da comunicação de uma empresa e o elemento norteador da equipe de programação visual, que pensa e cria com base no efeito que determinado produto de comunicação visual precisa ter sobre seu público.

Pense, por exemplo, na embalagem de seu produto preferido, seja qual for o gênero. Se, sem aviso algum, ela ou, mais gravemente, a logomarca da empresa fornecedora fosse alterada, como seria possível identificar a marca e identificar-se com ela? Justamente pelo fato de as cores corresponderem ao primeiro elemento identificado pelo público, é fundamental compreender todos os significados presentes na escolha de cada uma delas, de seus tons e de suas combinações, questão que abordaremos na seção a seguir.

1.5.1 Cores, tons e psique

As variações de luz ou de tom são meios pelos quais distinguimos a complexidade da informação visual do ambiente, seja por proximidade, seja por contraste. As diferenças na natureza são, normalmente, sutis e graduais. Não é por acaso que "o mundo em que vivemos é dimensional, e o tom é um dos melhores instrumentos de que dispõe o visualizador para indicar e expressar essa dimensão"

(Dondis, 1997, p. 38), de modo que o tom auxilia a criação de uma perspectiva. Também é por meio de variações luminosas que as diferentes tonalidades de cor podem ser percebidas.

A **cor** é, de fato, um elemento repleto de informações, que carrega as experiências dos sujeitos, mobiliza a atenção e impacta as emoções. Porém, será que toda cor é igual? Nesta obra, vamos perceber que não. Primeiramente, em diálogo com Farina (1990), é possível verificar que **as cores têm três dimensões**: a matiz, a cor em si; a saturação, isto é, a concentração de pigmentos, que nos permite dizer o quão pura é a cor; e, finalmente, o brilho, que confere gradações de tom à cor, dependendo da incidência de luz. Vale lembrar que o **tom é a variação qualitativa da cor**. Se observamos o círculo de cores (Figura 1.2) veremos que há gradações entre os tons de amarelo, azul e vermelho – no *design* gráfico, podemos encontrar o vermelho identificado também como *magenta*. Essas são as cores primárias, ou seja, as cores percebidas de acordo com a luz solar. Aquelas que estão em extremos opostos no círculo são denominadas *cores complementares*.

A saturação não é somente a concentração de determinados pigmentos, tal que se considera uma cor saturada quando não há adição de branco ou preto à sua constituição. Quando combinamos as cores primárias, obtemos as cores secundárias, que, ao se combinarem com branco, são anuladas e tornam-se dessaturadas. Na criação publicitária, o verde também pode ser classificado como uma cor primária. No fim, devemos considerar o uso das cores para atingir o interesse do público.

Designers, fotógrafos e demais profissionais de criação, como equipes de agências de publicidade, trabalham diferentes tons por meio do acréscimo de branco, preto ou cinza. Quando acrescentamos branco a uma determinada cor, chegamos a seu matiz; se, ao contrário, somarmos preto, obtemos seu tom sombreado; por fim, se adicionamos cinza, obtemos uma tonalidade. Sempre que cores se combinam criando tons, devemos compreender que esse fenômeno não é somente químico, "mas também um fato cultural e psicológico" (Farina, 1990, p. 71).

Em diálogo com Schachtel, Farina compreende que a percepção da cor provoca um efeito no sujeito, tornando-o passivo à incidência cromática. Já ao examinar a forma de um objeto, ele se torna agente de sua própria percepção. As cores são signos visuais, com usos e práticas sociais, criativas ou não. Assim, foram estabelecidos padrões, como o vermelho, para indicar perigo, o amarelo, para atenção, e o verde, para segurança. Olhe a seu redor e veja quantas imagens e objetos fundamentais para nosso cotidiano são identificadas pelas cores.

Além disso, em áreas terapêuticas, o estudo da cor implica perceber a estimulação do sistema nervoso por uma determinada radiação de luz, maior ou menor de acordo com a cor que é projetada sobre a retina. Exemplos disso são os usos de cores em hospitais ou demais ambientes de práticas terapêuticas. As cores, de fato, provocam sensações, como no caso do branco, normalmente, associado à pureza e à limpeza, ou do cinza, que transmite a ideia de neutralidade. No extremo oposto, o vermelho, em sua referência ao sangue, simboliza movimento, tensão, energia, estímulo, assim como o amarelo. Saindo das cores consideradas quentes (amarelo, vermelho) e observando as frias, identificamos o verde como repousante e o azul como harmonioso. Lembre-se da última vez que você foi a um hospital e pense na quantidade de objetos na cor verde que encontrou.

Agora, é possível pensarmos na quantidade de combinações que podemos realizar com essas informações, para captar a atenção de nosso público e transmitir a mensagem desejada. Afinal de contas, o grau de atenção é o principal elemento a ser considerado, ao escolhermos as cores de uma campanha, por exemplo. O que queremos transmitir? Harmonia? Energia? Tensão? Outra possibilidade é compreendermos as nuances das cores, expressas na forma de escalas cromáticas.

Escalas cromáticas são variações que podem determinar diferentes tons, seja devido à saturação, seja ao valor, seja à luminosidade. No uso de determinada cor, a utilização gradativa de pigmentos e a incidência de luz podem modificá-la progressivamente, até o ponto de dizermos que está saturada. Essa variação é chamada de *escala de saturação*. Se, em vez disso, acrescentarmos preto a nossa cor inicial e progressivamente a alterarmos, criamos a denominada *escala de luminosidade*. As escalas altas são aquelas com alta luminosidade e muito branco. As baixas, por sua vez, apresentam baixa luminosidade e elevado acréscimo de preto. Por fim, as escalas médias têm as cores o mais próximo possível dos tons saturados (puros). Outro aspecto importante a ser observado em uma escala é a luminosidade, isto é, a característica da cor ao refletir a luz branca. Quanto maior for a quantidade de luz refletida, maior será a luminosidade.

Cada composição visual se utiliza de cores para gerar impacto, transmitir suas mensagens, emocionar e captar a atenção do público. A combinação de cores gera diferentes significados, de acordo com a forma como é feita. O uso de cores contrastantes pode despertar mais interesse do que a utilização harmoniosa de cores suaves, por exemplo. Nesse sentido, as escalas podem ajudar a estabelecer contrastes e intensificar sensações.

O contraste é um recurso bastante utilizado, no *design*, para gerar impacto. Há dois tipos: o contraste de tom, quando duas cores distintas são combinadas – podemos identificar a associação entre vermelho e amarelo nas logomarcas de inúmeras empresas de alimentação –, e o contraste de superfície, quando são usadas cores frias e quentes, por exemplo, para gerar diferentes percepções de espaço.

Uma vez que começamos a compreender as combinações de tons e cores, precisamos identificar os usos e as apropriações desses elementos no *design* e na publicidade, tema da seção a seguir.

1.5.2 Uso das cores no *design*

No *design* e na publicidade, as cores são a alma da produção. Não é à toa que os elementos cromáticos são fundamentais na construção da identidade de uma marca ou de um produto, por exemplo. Contudo, o que seria a identidade visual? Nada mais do que os elementos que representam uma instituição, como a combinação de cores de sua logomarca. Com a combinação de elementos como as cores, a direção de arte publicitária tenta atingir seu público, provocando impacto e gerando sensações.

Pense, por exemplo, na embalagem de seu produto preferido. As cores pensadas em conjunto pelo *designer* e pelo diretor de arte organizam-se em três categorias: identidade (as cores escolhidas para criar um produto e associadas a suas propriedades físicas); imagem (aquelas que se atrelam à concepção que o consumidor tem do produto); e requisitos de venda (aquelas que definem a legibilidade e a unidade de grafismo). A combinação dessas categorias visa garantir que o produto seja facilmente identificado e localizado.

É possível utilizar uma série de recursos para captar a atenção do consumidor. Cores brilhantes, por exemplo, podem causar impacto. O realce da embalagem, a leveza, os contrastes e os efeitos óticos também visam captar o olhar, assim como a concentração das cores em rótulos, produtos e embalagens.

A partir da década de 1960, movimentos artísticos e fluxos culturais e políticos geraram o que Farina (1990) chamou de *revolução criativa*, transformando o trabalho em agências e fortalecendo a denominada, por Bill Bernbach (citado por Farina, 1990), *dupla de criação*, ou seja, o redator e o diretor de arte. Justamente na cor, a criação publicitária expandiu seu potencial criativo, particularmente na direção de arte, na qual elementos estéticos são combinados para criar conceitos criativos e gerar estratégias e ações voltadas à promoção das ideias dos produtos. A partir dessa mudança, a imagem deixa de apenas ilustrar um texto e passa a complementá-lo, criando uma dimensão criativa independente, com elementos visuais tão importantes quanto o *slogan*. Todos os elementos combinados, da imagem às formas, passando pela tipologia, ajudam a construir a imagem da empresa diante do mercado e de seu público.

Quando for ao supermercado ou a uma loja de departamentos, procure pensar como o *designer* dos produtos que estão ali. Quais os critérios de escolha para as cores de cada embalagem? Há a utilização de contraste, cores saturadas e brilho? Como seria sua percepção do produto se uma equipe inteira de profissionais criativos não tivesse pensado em uma forma de chamar sua atenção?

Contudo, uma identidade não se constrói apenas com elementos gráficos. Há uma série de decisões estratégicas que define a atribuição de significados para as marcas, criando o que conhecemos como *identidade de marca*. A forma como modelos de negócio se tornam decisões de *design* será delineada na próxima seção.

1.6 Identidade de marca

A cena apresenta uma velocidade eletrizante: em segundos Trinity, uma heroína com a missão de salvar o mundo, salta sobre um caminhão em movimento que carrega diversas motocicletas de alto desempenho. A bordo de um modelo Ducati 998, Trinity empreende uma perseguição hipnotizante por uma via expressa repleta de automóveis, com o objetivo de preservar o personagem-chaveiro dos agentes Smith. A cena, parte do filme Matrix Reloaded, o segundo de uma trilogia (Matrix..., 2003) – uma ficção científica com ares de distopia – tornou-se emblemática não somente por causa dos personagens Neo e Trinity ou da premiadíssima trilha sonora, mas também pelo destaque dado ao desempenho da motocicleta, considerada por publicações especializadas uma das mais rápidas do mundo. Sem que fosse necessária qualquer referência direta à marca ou ao modelo, a Ducati carrega no DNA um elemento que ultrapassa a mera descrição dos benefícios do produto: a identidade da marca, construída e desenvolvida, desde 1926, na Itália, até se tornar uma das mais famosas no mundo, associada a signos de velocidade, *performance*, *design* e sofisticação.

No ambiente das marcas, não é necessário saltar de um caminhão em movimento ou perseguir vilões para estruturar uma boa história capaz de estabelecer uma relação de confiança com seu público. É necessário atentar, contudo, para a importância de construir e consolidar uma identidade de marca.

Mas, afinal, como fazer isso? Ao longo dos capítulos deste livro, abordaremos aspectos fundamentais da criação de um projeto de identidade de marca por profissionais de *design* gráfico, passando por estratégias, gestão, principais elementos e tendências de mercado, bem como por licenciamento, mensagens e significados. Nesta seção, compreenderemos os conceitos de marca e de identidade de marca, abordando as características fundamentais do processo de criação por *designers* e organizações. Em seguida, discutiremos os objetivos de criação de uma identidade de marca, assim como sua matriz, compreendendo flexibilidade, diferenciação, coerência, autenticidade, longevidade e significado. Esses elementos permitem que empresas aumentem seu valor diante de um mercado cada vez mais competitivo e multifacetado.

Posteriormente, analisaremos os fundamentos da identidade de marca e suas diferentes configurações, compreendendo a possibilidade de construção de marcas por meio de símbolos, pictogramas, abstrações, emblemas e palavras. Os diferentes aspectos de gestão de marcas ou *tradings* também serão abordados, bem como as estratégias para consolidação de uma identidade em relação ao público, por exemplo, por meio de técnicas baseadas em princípios de *marketing* de conteúdo – formas de composição de mensagens que alcancem o público-alvo das empresas e consigam estabelecer uma comunicação eficiente entre produtores e consumidores. Também apresentaremos modos de consolidação de marcas personificados em projetos reais, assim como a importância de criar um manual de identidade de marca eficiente, capaz de unir a criação de *designers* aos modelos de negócio implementados pelas organizações. Finalmente, estudaremos as imagens de organizações, licenciamentos e gestão de marcas, consolidando os aspectos técnicos, estratégicos e criativos necessários à criação de uma identidade de marca.

O conceito de marca como símbolo, permeado de mensagens e elementos cujo propósito é atingir o público-alvo, deriva da necessidade humana de comunicar. Das representações mais básicas como marcações pictóricas pré-históricas, passando pelo desenvolvimento das trocas humanas – do nível da urgência até o acumulo, com a consolidação do comércio entre os povos –, a criação de marcas pressupõe duas perguntas básicas: "Quem sou eu?" e "Quem precisa saber?". Na consolidação de assentamentos humanos, ao longo da história, as trocas comerciais criaram, aos poucos, a necessidade de difundir mensagens e tornar produtos e produtores conhecidos, conforme avançava a disputa por espaço em mercados cada vez mais competitivos. Assim, empresas e produtores estabeleceram suas identidades pelo uso de símbolos que os representavam e podiam torná-los conhecidos: as marcas. Segundo Alina Wheeler (2008), o *design* de identidades de símbolos que materializam a mensagem central de empresas e negócios pressupõe a ideia de "expectativas que residem na mente de cada consumidor a respeito de um produto, serviço ou empresa" (Wheeler, 2008, p. 12).

Uma marca carrega em seu cerne a história percorrida por uma empresa, seus valores, sua missão, seus objetivos e seus produtos, bem como o espaço do mercado e da mente dos consumidores que deseja ocupar. Você consegue pensar em um modo de capturar a atenção de seu público-alvo, por meio da criação de uma marca? Essa não é uma tarefa tão fácil. Primeiramente, é necessário pensar em captar a atenção das pessoas. Em uma realidade na qual os consumidores são bombardeados diariamente com uma média de 7 mil marcas, ser lembrado é fundamental. Além disso, em um período no qual grande parte das práticas sociais é atravessada por imagens, mídias e mensagens, um dos maiores ativos que se pode ter é a atenção das pessoas. Segundo Christian Marazzi (2002), vivemos em uma realidade permeada de informações, inovações técnicas e comunicacionais, que não somente alteram a percepção de tempo e espaço, mas também constroem uma economia em que a atenção do consumidor se torna um valor, e determinam uma diminuição vertiginosa na capacidade de absorção e retenção de informações sobre mensagens, produtos e marcas.

1.6.1 Gestão de marcas – conceitos fundamentais

A gestão de marcas baseada na união entre modelos de negócio consistentes e identidades de marca realmente representativas pode garantir a permanência de empresas, produtos e negócios nas mentes dos consumidores. Mais do que simplesmente serem lembradas, as marcas precisam não apenas fazer sentido para seu público interno e externo, mas também se consolidar com estratégias de *marketing* que unam negócios e *design*, seja na produção de conteúdo relevante associado a elas, seja na identificação dos elementos fundamentais da organização, que são materializados nos diferentes símbolos – cores, símbolos gráficos, formas – que alcançam consumidores. Logo, o posicionamento de cada marca e seu valor no mercado dependem não somente de estratégias de negócios, mas também de *design*.

Alguns pontos fundamentais da gestão de marcas para gerar uma identidade consistente são entender a essência por trás da marca; identificar o público-alvo e suas necessidades; criar uma relação de proximidade e empatia; e, finalmente, estabelecer um diferencial, algo que faça a marca ganhar destaque em meio ao oceano de imagens, histórias e símbolos que permeiam o imaginário do público no cotidiano. Pense nos objetos mais próximos de você nesse momento ou em sua última compra realizada. Quais de suas decisões de compra foram baseadas apenas na necessidade isolada de atender a determinada função e quais foram, de alguma forma, influenciadas pelo modo como você se relaciona com a marca do produto adquirido, considerando que esta pode ter múltiplas representações e permear seu cotidiano, modificando suas ações mais inconscientes? Para compreender a relevância da identidade de marca, é necessário identificar quais são os pontos fundamentais para a construção de marcas relevantes para seus públicos.

Esses pontos definem a essência de organizações em diálogo com as necessidades do público, criando relações de empatia e, assim, gerando o diferencial da marca. Cada um desses itens é baseado em um planejamento de negócios pautado nos valores e na missão da instituição, bem como em estratégias voltadas para a área de *marketing* de conteúdo que possam gerar engajamento, conversão e fidelização de clientes. A identidade de marca é, afinal, um conceito tangível, que fala aos sentidos, apoia os negócios e comunica a missão e os valores de uma organização. A identidade começa com um nome e/ou símbolo e evolui para a comunicação entre a marca e seu público-alvo, organizando-se em sistemas que serão delineados a seguir.

Identidades de marca são a estruturação de elementos que definem a essência de uma organização, representam a marca e atravessam o cotidiano de cada um de nós (Davis, 2002). Em se tratando de elementos fundamentais, o logotipo surge como ponto de partida de uma marca, apresentando-se como uma forma de comunicação que, em linhas, cores e formas, define de modo eficaz a identidade de um negócio ou uma organização. Dessa maneira, o *design* é essencial na construção das marcas, unindo emoção, contexto e essência. A identidade deve não ser somente reconhecível e única, mas também gerar a compreensão sobre o que é relevante em seu modelo de negócios. Contudo, o diálogo entre a marca e a corporação obedece a aspectos bastante representativos.

1.6.2 Identidade de marca e identidade corporativa

A relação entre modelo de negócios e construção de marca corresponde à comunicação entre as estratégias de consolidação dos valores e das visões da empresa e a identidade de marca, que funciona com diferentes públicos e culturas, ajudando as escolhas dos consumidores. Pense na quantidade de marcas com as quais entramos em contato no cotidiano. Quantas delas trazem uma ideia particular dos valores de uma empresa? Da marca de sabão em pó à de geladeira, todas as marcas que observamos estão interligadas em um universo de símbolos, cores e formas que identificam, para cada um dos clientes, mensagens específicas sobre a corporação.

A **identidade de marca** é um ativo que agrega valor à empresa na medida em que se conecta aos modelos de negócio e ao planejamento estratégico de comunicação. Ambos – modelos e planejamento – compõem a mensagem central que alcança o público-alvo, penetrando no imaginário das pessoas e construindo um relacionamento sólido com os clientes. Para tanto, a identidade visual precisa ser facilmente lembrada e reconhecida pelo público, por meio de elementos que criam a compreensão sobre a missão da empresa e da sintonia de cada um dos componentes da marca. Assim, tipologia, cores e formas, bem como sua organização, solidificam, com a sintonia da marca, todo um projeto organizacional de negócios. Se a meta das empresas é aumentar seu valor de identidade de marca, cabe às equipes de *design* compreender a incidência da mensagem da corporação em um cenário com múltiplas culturas e públicos diversificados.

A criação de uma identidade visual engloba não somente o *design* da marca, mas também sua divulgação diante de um planejamento de comunicação que compreende cada mídia como um espaço que concatena linguagens e formas específicas para alcançar o público de forma eficaz. Uma vez decididos, pela equipe de *design*, todos os elementos que compõem a marca, a identidade precisa ser produzida de modo a ser facilmente memorizável pelo público, adequada ao modelo da empresa e capaz de manter sua consistência, mesmo diante das constantes modificações nas formas de produção, nos fluxos de mercado, nos novos espaços de mídia e na volatilidade dos públicos. Para isso, a composição da identidade demanda alguns pressupostos, organizados na matriz de identidade de marca.

Estudo de caso 1.1: de Seattle para o mundo

Em 1971, uma conhecida marca de café de Seattle conquistou as esquinas de mais de 60 países, unindo a qualidade de seus grãos à venda de produtos associados a sua marca, cuja logomarca era baseada no romance *Moby Dick*, exibindo um círculo verde com uma sereia que apresentava aos clientes o produto a ser consumido. Essa marca é frequentemente relacionada a hábitos urbanos, em filmes e produtos audiovisuais, com seus longos copos brancos de café. Isso não impediu a transformação da logomarca, com a retirada da palavra *café*, a fim de alcançar um tom mais *clean*. A relevância da empresa no imaginário dos clientes foi garantida justamente pela consolidação da matriz de identidade de marca, reunindo componentes que fortaleceram o valor da empresa na mente do público.

Estudo de caso 1.2: a real beleza

Em 2004, uma campanha publicitária de uma conhecida marca de sabonetes convidava o público feminino a reconhecer a "real beleza" em seus corpos. Em uma série de ações, a marca consolidou-se no cenário da representatividade e conseguiu identificar um nicho que associava produtos femininos a empoderamento e liberdade. A estratégia gerou resultado e contabilizou bilhões de dólares, com a venda de produtos e ativos, além de consolidar o valor e a identidade da marca (Real..., 2014). Em um cenário em que a violência contra a mulher e as desigualdades salariais e políticas ainda estão bastante presentes, a organização consolidou, em seu negócio, a ideia de uma identidade de marca com significado. Dessa forma, é possível perceber como as marcas são ativos das empresas e carregam, em seu cerne, o fato de serem atores sociais e a responsabilidade de gerarem consciência, consolidarem valores humanos e, principalmente, criarem significado para seus públicos.

O que torna uma marca inesquecível na mente e no coração de seus clientes? Que poder concede a uma empresa a primazia nas decisões de compra de famílias inteiras? Essa característica está relacionada à diferenciação da identidade de marca, que compreende composição de elementos gráficos e decisões de *design* e *marketing*. Mais do que isso, é preciso criar um vínculo intenso com o cliente, tal que a decisão de compra se processe no inconsciente, com a associação automática da identidade da marca com uma determinada necessidade.

1.6.3 Sustentabilidade

Ao longo da vida, uma série de marcas acompanha nosso cotidiano, da infância à maturidade. Algumas empresas se tornam tão fortes em seus segmentos que conseguem criar imaginários afetivos de memórias importantes. A publicidade e o mercado brasileiro estão permeados de exemplos: o primeiro sutiã, o barbeador portátil, a margarina de nossos avós, o sorvete preferido. Todos os produtos se firmam por anos por meio da ideia de sustentabilidade, isto é, a longevidade de uma marca no imaginário de seu público, ao longo de décadas e de inúmeras transformações no mercado, no mundo e na mente das pessoas.

1.6.4 Autenticidade

A identidade de marca é construída pelo reflexo do que a empresa quer que o cliente pense, fale, sinta e compartilhe em relação ao produto ou serviço oferecido. Assim, o engajamento da linguagem que uma marca usa em seus múltiplos canais de comunicação determina a forma como o público a compreende e se relaciona com ela. Uma identidade de marca autêntica consolida relacionamentos com seus clientes com honestidade e respeito, independentemente do tipo de cliente que se deseja alcançar. A autenticidade relaciona-se com o quanto uma marca pode ser real. De acordo com o Relatório de Conteúdo do Consumidor de 2017, 86% dos consumidores citam a autenticidade como o fator mais importante na decisão de quais marcas apoiar (ABC..., 2019). Alguns de seus elementos, como a linguagem, encontram ressonância nas redes sociais, nas quais engajamento se refere à identificação e à aproximação do público com marcas e serviços.

Dessa forma, ao criar uma linguagem que se aproxime dos consumidores da marca, a empresa consegue estabelecer um vínculo com seu alvo, identificando as necessidades do público e criando mensagens que denotam autenticidade. Uma das estratégias mais eficazes para entender quem é seu público é criar *personas*, personagens hipotéticos que reúnem as características médias do público.

Personas como estratégia de autenticidade

A estratégia de *persona* identifica os clientes reais ou potenciais por meio da criação de personagens que reúnem aspectos do público-alvo. Assim, é necessário criar pesquisas que permitam captar as características mais representativas, como idade, profissão, localização e relação com o produto. Formulários *on-line* e *e-mails* podem ser um bom canal. Um exemplo bem-sucedido de estratégia de criação de persona que confere autenticidade a uma marca é uma empresa do setor de *streamings* de vídeos na internet. Em uma linguagem bem-humorada e permeada de elementos advindos da cultura das mídias sociais, como *memes* e piadas, a marca consolidou uma identidade muito próxima a seu público, agregando valor a si e tornando-se conhecida e amada por sua irreverência, seu senso de oportunidade e sua adesão ao cotidiano das redes.

1.6.5 Visão

Pense na quantidade de marcas que nos inspiram a cuidar de nossas vidas, nosso trabalho e nossa família. Em cada uma de nossas tarefas cotidianas, ao estarmos ao lado das pessoas que amamos, há sempre um produto, um serviço ou uma experiência que encaminha nossos modos de vida. Da hora que acordamos até a noite, passando por todas as tarefas do dia, somos confrontados com histórias, valores e mensagens de todas as empresas que nos cercam. Cada uma delas alcança nossos corações e mentes de uma forma peculiar, trazendo para nossas experiências um critério único, que pode inspirar nossas exigências. Esse elemento, considerado o DNA da marca e que se destina a reunir o máximo possível de informações da organização e inseri-lo no imaginário do público-alvo, se denomina *visão* e se relaciona com uma porção singular da marca que conquista um lugar bastante particular no coração dos clientes, estimulando suas decisões e compras, ao mesmo tempo que carrega as decisões de planejamento estratégico de negócios das equipes de *design* e comunicação. Consideremos o caso do café, presente no Estudo de caso 1.1, visto anteriormente. Em sua marca, o uso de uma sereia remete aos seres mitológicos que povoaram as mentes de civilizações por décadas. É interessante, no que tange, especificamente, à simbologia da sereia, a presença de uma analogia referente à ideia de "canto da sereia", segundo a qual, esses seres mitológicos atravessavam o caminho dos navegantes das embarcações em alto mar. Ao emergirem das profundezas do oceano, as sereias encantavam os marinheiros com suas canções, pavimentando uma experiência única que desconectava quem passava da dura vida das embarcações para o universo dos sonhos, trazendo histórias e sensações agradáveis. As marcas agem da mesma forma, ao criarem suas identidades, comunicando a visão de uma organização que se dedica a proporcionar experiências agradáveis e duradouras a seus clientes.

A criação de identidades também significa estabelecer laços de compromisso com o público.

1.6.6 Comprometimento

A ideia de comprometimento passa por diferentes pilares, desde o valor do produto, sua descrição e a execução das diretrizes de projeto de *marketing* e *design* até a entrega de todos os valores que foram agregados à produção e projetados pelas equipes. Assim, na criação de identidades de marca, o valor agregado aos símbolos gráficos que a compõem também traz, em seu cerne, o compromisso com a excelência de cada etapa de produção associada à construção de uma imagem sólida perante os clientes e à valorização dos ativos da empresa, isto é, seus bens, incluindo o valor de marca. Na atualidade, a preocupação das marcas também passa por uma maior humanização, ou seja, uma aproximação da missão da empresa a valores humanos (Branding..., 2016).

Em tempos de pandemia da Covid-19, a necessidade de humanização também alcança as marcas, não somente na reformulação de suas necessidades de projeto e *design*, mas na compreensão de que vivemos um outro momento na história da humanidade, no qual valores de mercado e consumo são ressignificados, à medida que a imposição do distanciamento social, a baixa circulação de pessoas e a necessidade de medidas de precaução, que visam proteger a coletividade, como o uso de máscaras, fazem com que as empresas – parte desse cenário social – precisem assumir posturas efetivas não somente de prevenção, mas também de reinvenção de seus modelos de negócio. Em um momento em que parte considerável do mercado consumidor está confinado à redes sociais e as crises econômica, política e humanitária agravam-se, é preciso não apenas pensar em saídas, mas também se posicionar no que diz respeito à responsabilidade social. Segundo dados do *Blog da Social Miner*,

até o mais conservador dos consumidores estava, sim, pronto para o varejo online. Que [sic] o que a maioria destas pessoas precisava era de incentivo e apoio das marcas. E que [sic] os recursos para ajudar os usuários a encontrar o que precisam já estão à mão — nos canais de comunicação, nas plataformas de atendimento, nas ferramentas de marketing. (Tendências..., 2021)

Dessa forma, o comprometimento também consiste em entender que a imagem construída por uma organização, seus valores e sua missão estão conectados a uma realidade em que ser solidário é fundamental. Da massiva produção de álcool em gel, máscaras, respiradores e outros equipamentos de proteção, passando pela preservação da saúde dos funcionários, o comprometimento, em períodos de grandes crises humanitárias, também é uma relação duradoura que se estabelece não somente com o público-alvo, mas com toda a humanidade.

Capítulo 2

COMPONENTES DA IDENTIDADE VISUAL

2.1 Introdução aos componentes da identidade visual

Na cultura da humanidade, ao longo dos séculos, a necessidade de comunicação deu origem às marcações simbólicas, que – em cada uma das etapas da evolução – perpetuaram práticas sociais como o comércio, a política e a economia. Hoje, não é preciso retroceder às pinturas rupestres dos nossos antepassados para identificar a necessidade de criação de marcas para dar suporte à existência. Seja pela ideia de rito, seja na forma como o ser humano se relacionava com tudo que não sabia explicar, seja na lida cotidiana com seus pares, os símbolos e as marcas indicavam e indicam a percepção que temos do mundo.

Dessa forma, os símbolos e as linguagens que os reúnem constroem costumes que, sucessivamente, estruturam normas, representações e, principalmente, sujeitos. Se olharmos ao redor, perceberemos a importância dos sinais e dos símbolos em nosso cotidiano, seja na produção de conhecimento, seja nas relações interpessoais, seja no mais comum modo de vida. Caso observemos o mundo que nos rodeia, perceberemos a quantidade de símbolos que incidem em nossa existência. Desde o momento em que nascemos, somos identificados por marcas, separados por linguagens que nos dizem o que devemos vestir, saber, trabalhar e conhecer. Em todos os momentos, seja qual for o contexto social, as linguagens e as imagens que nos cercam são a estrutura que fundamenta nosso mundo.

A consolidação das imagens como dispositivos de construção da realidade e criação de uma visão de mundo no cotidiano se deu no período histórico da modernidade, gerando uma nova experiência humana, na qual arte e ciência se fundem, na organização social, por meio do mercado e do trabalho. Na aceleração e na organização dos relógios em função do modo de produção de mercado, as artes tornaram-se objeto de reprodução. Logo, dos museus e lugares de culto, as obras de arte passaram a ser vistas como produtos, mídias criadas em larga escala para alimentar os mercados de trabalhadores assalariados. Assim, das belas artes ao cinema, da fotografia ao *design*, os símbolos, as formas e as cores tornaram-se igualmente um modo de produção, trazendo à tona uma nova profissão: o *designer*. O trabalho desse profissional, nesse viés, envolve a escolha das ferramentas simbólicas e dos suportes por meio dos quais são criadas as mensagens visuais, materializadas nas mais diversas dimensões.

Nossa tarefa, neste capítulo, será compreender os diferentes tipos de sinais e símbolos, suas funções e o trabalho do *designer* em seu ofício criativo. Em um mundo de imagens e mídias, a tarefa do *designer* torna-se ainda mais importante.

Você consegue imaginar alguma área em que o *designer* não possa atuar? Praticamente em todos os campos há um produto ou uma ideia a ser formatada para constituir uma imagem, que passará a fazer parte de nossa vida. Se, por um lado, o *designer* precisa compreender o mundo como fonte das formas com as quais compõe seu trabalho, por outro, deve consolidar um trabalho constante de escuta sensível, captando, de seu cotidiano, cores, imagens e formas com as quais criará nossos símbolos e sinais.

Finalmente, no que diz respeito à comunicação corporativa, uma vez em posse de todo um arcabouço de sinais e símbolos associados a formas e cores, *o designer* cria as identidades e marcas que fazem parte do negócio das empresas. Você consegue imaginar grandes marcas de refrigerantes, por exemplo, sem os símbolos que as tornam mundialmente famosas? Seja qual for o país, podemos identificar uma identidade – dependendo da importância da marca – sem que seja necessária uma legenda ou explicação. Breves traços, curvas e cores são o suficiente. Dessa forma, é fundamental conhecer como os sinais e os símbolos são criados. A seguir, iniciaremos nosso estudo sobre esses assuntos.

2.2 Sinais e símbolos

No mundo atual, os sinais e os símbolos criam linguagens feitas de imagens e sons, consolidando nossas práticas sociais e manifestações culturais. Compreendemos a cultura como uma forma de produção de sentido que é, ao longo das gerações, paulatinamente modificada, transmitindo as representações e possibilitando a construção de conhecimento. A cultura determina os modos de síntese social, que, por sua vez, determinam valores, verdades e práticas sociais.

Da modernidade à atualidade, no primado da utilidade e da técnica sobre os sujeitos e suas inter-relações, as imagens e os valores da cultura fazem parte do que entendemos como sociedade e também da própria percepção dos sujeitos, afetada por noções de espaço e de tempo. Logo, essas noções são influenciadas pela forma social de um determinado contexto, e esta é gerada pela interação entre sujeito e coletividade e pelos símbolos que cercam essa interação. A forma nada mais é do que a aparência de um dado social somada a seu uso, além de carregar um referencial simbólico, individual e coletivo. Desse modo, a forma precisa, também, ser potencial de ação para o grupo, na medida em que implica tanto a percepção individual quanto um conjunto de regras que organiza nossas vidas e no qual o *design* é a forma-linguagem que consolida nossos olhares para o mundo.

Dessa forma, o papel do *designer* é aprender a utilizar as linguagens, de modo a construir uma composição visual adequada ao contexto em que está inserida e, principalmente, à solicitação do cliente. Não há *briefing* sem contexto e não há empresa que não carregue uma parte de sua história associada ao país, à cidade e/ou à comunidade onde reside. Se somos feitos das narrativas que nos atravessam no cotidiano, também as empresas e suas identidades visuais carregam a missão, os valores e as histórias que as constituem, traduzidas para símbolos.

É necessário, agora, compreender o lugar dos símbolos na criação de mensagens e objetos visuais, ferramentas e demais recursos necessários ao cotidiano humano. Além disso, identificaremos a importância de cada tipo de símbolo na criação de marcas e identidades visuais.

Para compreendermos o papel de **sinais** e de **símbolos**, precisamos considerar que a linguagem é um sistema simbólico consolidado cultural e socialmente ao longo da vida das pessoas e da história da humanidade. Em diálogo com Dondis (1997, p. 2), autora que trata da importância da sintaxe visual na comunicação, entendemos a linguagem é

> simplesmente um recurso de comunicação próprio do homem, que evoluiu desde sua forma auditiva, pura e primitiva, até a capacidade de ler e escrever. A mesma evolução deve ocorrer com todas as capacidades humanas envolvidas na pré-visualização, no planejamento, no desenho e na criação de objetos visuais, da simples fabricação de ferramentas e dos ofícios até a criação de símbolos [...].

Observe alguns símbolos comuns do nosso dia a dia na Figura 2.1, a seguir.

Figura 2.1 – **Símbolos**

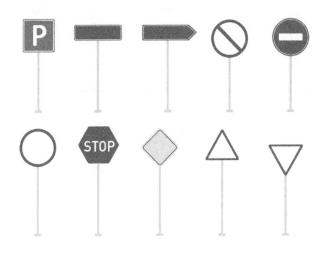

Falar de linguagem é compreender que, em cada etapa da evolução humana, criamos significados diferentes nas relações que estabelecemos com o mundo.

É transformando e criando os sinais que geramos infinitos modos de nos comunicarmos. No universo corporativo não é diferente. A missão e os valores, as estratégias e as ideias são traduzidos para elementos gráficos. Assim, significados são atribuídos de modo particular. Para cada sinal, há um significado distinto, arbitrariamente definido, mas carregando um componente proveniente do coletivo, do contexto em que foi gerado. Nasce, então, o símbolo. No que tange à comunicação – da qual partimos para compreender a função do *designer* no cotidiano –, de modo resumido, é possível verificar que a unidade básica de linguagem seria o signo, que apresenta uma parte material, ou significante, e uma parte simbólica, ou o significado. Assim, para cada representação que cria, ou seja, um sinal, o homem identifica uma parte física/material inerente ao objeto/elemento referenciado.

Figura 2.2 – **Sinais e símbolos**

SINAL

SÍMBOLO DE PROIBIDO
(Significado)

FILOSOFIA/Shutterstock

Andando pela rua, é possível comprovar: do semáforo ao letreiro, do mobiliário urbano aos jornais expostos, ou às grandes telas espalhadas por toda cidade, os sinais gráficos estão por toda parte. Se alguém os compreende, passam a ser símbolos, sendo incorporados ao cotidiano de quem os decodificou. Um exemplo disso é a placa de "proibido estacionar".

Para aprendermos determinado sinal, ocorre o que chamamos de *alfabetização*, processo de interpretar e, até mesmo, criar símbolos. As linguagens não são outra coisa senão sistemas de sinais, que se tornam símbolos à medida que lhes são adicionados significados. Com o alfabetismo visual não é diferente. Desse modo, cada elemento gráfico (sinal) tem uma representação e um significado que nos atravessa em cada momento da vida. Uma vez postos em relação com uma composição visual, os elementos gráficos e escritos (linguagens que se complementam) constroem um sentido de acordo com a mensagem que precisa ser transmitida e, mais do que isso, absorvida pelo público-alvo.

Apesar de termos como consolidada a ideia de que a alfabetização verbal é uma construção de longo prazo, no caso da linguagem visual, a situação muda. Para Dondis (1997), há um consenso de que o alfabetismo visual seja intuitivo, o que limita tanto a compreensão quanto a criação. Isso precisa ser considerado pelo *designer* em seu trabalho criativo. Embora a visão seja um sentido fundamental, sabemos que a percepção humana vai muito além disso, passando por uma série de construções até conseguirmos interpretar determinado sinal.

De acordo com Dondis (1997), para entendermos como nossa compreensão absorve os símbolos, precisamos identificar que o conhecimento de cada marca visual envolve três etapas: o **input** (ou os sistemas de símbolos) o material **visual representacional**, que encontramos na natureza e a **estrutura abstrata**, ou seja, a forma. De modo geral, isso quer dizer que cada elemento visual que compõe uma marca pode ser interpretado de maneiras muito diferentes por cada pessoa. Desse modo, é necessário interpretar os sinais em níveis distintos e, em seguida, decodificá-los usando sistemas simbólicos, elementos da natureza ou sua própria forma. Ou seja, "As coisas visuais não são simplesmente algo que surge inadvertidamente na natureza. São acontecimentos visuais, ocorrências locais, ações que incorporam a reação ao todo" (Dondis, 1997, p. 31).

Nesse viés, o *designer* tem a responsabilidade de desenvolver cada um dos processos que culminam na criação da marca em consonância com as equipes estratégicas de comunicação. Partindo dos diversos sistemas simbólicos que fazem parte do cotidiano e os associando aos manuais de identidade de marca que têm todos os dados referentes à representação das empresas, as mensagens visuais são criadas, para se consolidarem como sinais e gerarem significados. Toda informação visual é definida com base em símbolos, em experiências, em ambientes e em contextos.

2.2.1 Símbolos

Pensemos na quantidade de símbolos que nos cercam cotidianamente. Todos nasceram de demandas de representação. Dos primeiros desenhos rupestres às composições visuais mais complexas, há, de modo geral, a preocupação humana de criar formas capazes de transmitir mensagens visuais e alcançar determinado público que, uma vez familiarizado, passa a conferir valor a essas mensagens. Assim surgem os símbolos. De acordo com Dondis (1997, p. 12), os "símbolos funcionam de modo diferente da linguagem", ou, de modo mais claro, são uma linguagem com regras específicas, cuja apreensão demanda uma experiência direta entre o sujeito e a imagem, muitas vezes sem ajuda de uma linguagem auxiliar escrita ou visual.

> **"Símbolos são criados para serem automaticamente interpretados."**
>
> Como podemos compreender essa frase e sua relação com as identidades visuais? Em linhas gerais, os símbolos não precisam de outras linguagens para que seus significados sejam apreendidos. Precisam apenas serem conhecidos por todos aqueles que tiverem contato com eles. Essa informação é importante, pois, quanto mais conhecermos os processos de percepção das linguagens visuais por parte dos públicos para quem criaremos nossos produtos, mais fácil será para aplicarmos, como *designers*, suas regras na comunicação visual.

Vamos pensar em um exemplo prático? Um *designer* gráfico precisa criar os ícones do novo *site* da empresa para a qual trabalha. Ele deverá criar *links*, ícones para redes sociais, além da identidade visual aplicada ao modelo do *site*, aba de contatos, *e-mail* etc. Se pensar em desenvolver os produtos tendo como base somente suas referências estéticas, o profissional responsável pelo *design* corre o sério risco de que sua produção não seja compreendida por seus clientes e – o que é ainda mais grave – pelo público-alvo, a chave da comunicação da empresa. Com certeza essa não é a intenção da empresa, não é mesmo? Logo, a primeira coisa que o *designer* deve fazer é consultar o manual de identidade de marca da empresa para qual está fazendo o trabalho. Ali estarão identificados as cores, as fontes, as formas, os tamanhos específicos de utilização da marca e as justificativas de cada um de seus usos. Seja qual for o tipo de comunicação – de um memorando ao *site* de uma empresa – todos os elementos gráficos que representam a corporação precisam obedecer às normas descritas no manual de identidade visual da marca. Neste documento, estão todos os símbolos que constroem os valores e a missão do negócio, representações que devem ser interpretadas corretamente pelos clientes.

Assim, ao trabalhar com símbolos, sejam criados com base em uma convenção (entendemos que a cultura define ao longo da história humana suas próprias convenções), sejam criados em proximidade com a realidade (caso dos ícones), o *designer* terá como tarefa criar diálogos, aproximações, referências com os sistemas visuais já conhecidos de seu público. Contextualizando isso, podemos ver, na Figura 2.3, a criação de alguns ícones.

Figura 2.3 – **Criando ícones**

davooda/Shutterstock

Compreendemos, até aqui, a importância de saber interpretar os símbolos e de como o cotidiano humano é permeado de linguagens simbólicas que definem nossa forma de vida. Agora, é necessário observarmos de que forma o público identifica os símbolos com os quais convive a cada dia. Para tanto, dialogaremos com a ciência que estuda os símbolos: a semiótica. Um de seus criadores, o estadunidense Charles Sandes Peirce, afirmava, entre seus pressupostos, que o símbolo só existia quando era passível de ser interpretado por uma pessoa. Imagine se, em cada etapa da evolução humana, nossos símbolos pudessem ser interpretados de maneira plural, sem riscos de falhas na comunicação.

Devemos considerar que, durante muito tempo, as sociedades se utilizaram majoritariamente da transmissão oral, ficando a cargo dos símbolos a marcação definitiva dos fatos e acontecimentos. Até o século XVI, por exemplo, mesmo os textos religiosos, que ordenavam toda a vida cotidiana, eram de conhecimento apenas pelo alto clero, a cúpula das igrejas, e a maior parte da população interpretava sinais e símbolos transmitidos apenas oral e visualmente e necessários à sua existência no mundo. Apenas na reforma luterana[1], paulatinamente, os textos sagrados foram traduzidos do latim (língua oficial à época) para o alemão e, assim, passaram a ser do conhecimento de mais pessoas. Desse modo, constatamos que tanto a forma quanto o conteúdo da linguagem se transformam de acordo com o contexto histórico. Não por acaso, Dondis (1997, p. 12) afirma que "qualquer acontecimento visual tem forma e conteúdo". Agora, podemos compreender que tal conteúdo será criado e interpretado de acordo com

---

1   Termo referente à disseminação das ideias de Martin Lutero, líder religioso.

sua função determinada. Vimos, na Figura 2.2, que o símbolo de *proibido* é um sinal ao qual foi atribuído um significado, tornando-se, assim, um símbolo. Para isso, foi necessário que o sinal, ou seja, a expressão de uma ideia ou objeto fosse criado e, mais do que isso, fosse passível de ser interpretado por um determinado grupo de pessoas. No que diz respeito à criação, a chamada "caixa de ferramentas das comunicações visuais" (Dondis, 1997, p. 23) é composta das formas básicas, como o ponto, a reta, o círculo etc.

Figura 2.4 – **Produto × símbolo**

Catinsyrup/Shutterstock

Observe a Figura 2.4. Associando as imagens, é possível imaginar de qual bebida se trata? Não há necessidade de legenda ou outras explicações. A linha curva associada ao vermelho cumpre sua função de modo bastante eficiente. Essa é a função do símbolo. Do mesmo modo, as características já associadas às formas e suas combinações – cores, texturas e técnicas visuais – visam construir significados cuja percepção é realizada por cada sujeito. O símbolo será mais ou menos relevante de acordo com a facilidade de sua compreensão e a aderência à mensagem que deve transmitir. Todo símbolo na comunicação visual tem dois elementos fundamentais: *input* e *output*. O *input*, diz respeito ao código gráfico, ou seja, linhas, formas e cores criadas pelo *designer* que definem a identidade visual de cada uma das marcas. A outra parte, o *output*, diz respeito àquilo que o público identifica ou interpreta dessas partes da identidade. Juntos, *input* e *output* constituem tanto a criação do *designer* quanto o resultado que chega ao público e o sucesso da marca diante de seus clientes.

Bruno Munari (1997) reforça a importância da comunicação visual e do trabalho do *designer* ao afirmar que comunicação visual é fundamental e está em todos os lugares, seja ela casual, seja intencional. Assim,

Comunicação visual casual é a nuvem que passa no céu, não certamente com a intenção de nos advertir que está para chegar um temporal. Comunicação intencional é, pelo contrário, uma serie de nuvenzinhas de fumaça que os índios faziam para comunicar, através de um código preciso, uma informação precisa. (Munari,1997, p. 65)

Desse modo, na construção da mensagem visual, as partes que devem informar e o suporte visual precisam tornar a mensagem passível de ser vista e compreendida por todos os seus públicos, obedecendo ao que foi acordado entre o cliente, sua equipe de comunicação e criação e o modelo de negócios projetado. É fundamental que a compreensão do público seja o objetivo das empresas. A compreensão visual e simbólica de cada identidade visual é fundamental para a vida contemporânea, uma vez que ela é composta de imagens, símbolos e meios de comunicação e determina o sucesso ou fracasso de uma marca diante de seus clientes.

2.3 Pictogramas

Outra forma simbólica que faz parte do ofício do *designer*, em termos de compreensão e criação, é o pictograma. Embora possa parecer um conceito desconhecido, seu uso remete às primeiras pinturas rupestres, que, em seu contexto de criação, tinham uma importância social semelhante.

Nos dias de hoje, os pictogramas estão presentes em toda parte: são os símbolos da linguagem gráfica ligados à imagem, ao desenho e à fotografia.

Nesse sentido, é fundamental compreender o que são sinais gráficos pictóricos e qual é sua importância na criação do *designer*. A linguagem gráfica é composta de três categorias fundamentais:

1. verbal (escrita);
2. pictórica (imagem, desenho e fotografia);
3. esquemática (diagramas).

Se observamos a vasta quantidade de imagens que nos rodeiam, perceberemos que estamos cercados de uma infinidade de desenhos, cuja função consiste, na maioria das vezes, em representar. Em geral, eles são organizados por sinais reunidos, denominados *sinais pictóricos*. Um excelente exemplo é o ponto, a menor representação gráfica.

A partir do momento em que o ponto é utilizado em uma imagem, ele exerce a propriedade de "atrair visualmente o olho" (Dondis, 1997, p. 53). Na história da arte, há o chamado *pontilhismo*, movimento de vanguarda posterior ao impressionismo, que se estende do século XIX até o XX. Os artistas desse movimento desenvolveram uma técnica em que a unidade não é representada por um ponto sozinho, mas sim pela união de inúmeros pontos, formando uma imagem que se constitui e se unifica em luz e movimento (Argan, 1992). O ponto torna-se, assim, um sinal gráfico pictórico, ou seja, uma imagem, criada de acordo com uma técnica pictórica, que pode ser a ilustração, a pintura, a colagem ou mesmo a fotografia. Nesse viés, o que seria, afinal, o pictograma? Nada mais do que um desenho figurativo que possa, em alguma medida, representar um objeto da realidade, geralmente por meio de formas geométricas.

A relação pode ser de proximidade, como caso dos ícones, ou de convenção. Difícil? Observemos um símbolo bastante conhecido: a bandeira do Brasil.

Figura 2.5 – **Elementos da bandeira brasileira**

Abhinaya Project/Shutterstock

Cada elemento da bandeira brasileira é criado com base em sinais gráficos pictóricos, como o losango de cor amarela, o círculo de cor azul, e as estrelas, que representam os estados que constituem o país. A relação de cada símbolo com o todo é de convenção, uma vez que não é possível inserir, em uma só imagem, todas as características de cada estado. A bandeira é, afinal, um símbolo brasileiro, criado por meio de signos pictóricos e, assim, instituído como a imagem mais representativa do país.

O pictograma é uma imagem constituída por formas básicas e que veicula uma mensagem, representando objetos ou ideias. Essa afirmação está bastante alinhada à profissão do *designer* e sua importância no mercado e na sociedade.

Os processos visuais, da forma como os compreendemos, são mais do que a escolha e a utilização de processos técnicos específicos para cada caso: são fundamentações estéticas e éticas, na medida em que envolvem a produção de símbolos que se utilizam dos sinais pictóricos escolhidos e do uso de elementos que fazem parte do contexto, do imaginário e das práticas sociais de uma coletividade que os interpreta. Assim, qualquer forma utilizada obedece a contextos culturais e tem como objetivo atingir seu público-alvo. Logo, o que diferencia os pictogramas dos símbolos é, primeiramente, a adequação do significado de cada sinal gráfico a sua utilidade técnica. Mais do que isso, a diferença envolve a relação entre o contexto cultural e o sinal, na realidade em que está inserido.

Figura 2.6 – **Pictogramas que se tornam símbolos**

Desse modo, se o *designer* se preocupar apenas com a estética ou mesmo com a forma do que cria em seus projetos, ele corre o risco de não atingir seu objetivo. Vale lembrar que, ao falarmos de estética, etimologicamente[2], nos referimos ao estudo e à prática do belo, do que é considerado harmônico entre os sinais gráficos. Por outro lado, quando nos referimos à ética, queremos designar os princípios que determinam a vida humana. O que queremos dizer com isso? A ideia é que o *designer* não somente busque o belo ao criar um pictograma, mas também que suas criações façam sentido para o público-alvo, ou seja, tornem-se simbólicas.

O símbolo deve ir além de suas formas básicas, atrair o olhar e levar a mensagem pretendida ao cliente, tornando-se representativo para ele também.

2.4 Processo criativo

Seja qual for a técnica, a construção de símbolos por meio de sinais gráficos é papel do *designer*. Contudo, como ocorre esse processo? Nesta seção, falaremos um pouco do processo criativo do *designer* ao mobilizar diferentes técnicas pictóricas para construir símbolos. Em qualquer ambiente, é necessário primeiro ouvir o cliente sobre sua demanda. Pensemos, por exemplo, na criação de um *site*, de um portal de notícias. Nesse cenário, será necessário criar uma identidade visual, para uniformizar todas as imagens do *site* em prol de um único conceito criativo.

---

2   A etimologia é a ciência que estuda a origem das palavras e seus significados em diferentes contextos históricos.

Figura 2.7 – **Construção de um ícone web**

Considerando nosso exemplo, será preciso pensar na logomarca do cliente ou adaptá-la ao formato *web*. Vamos além: é importante pensar em cada ícone a ser criado, de modo a construir símbolos com as imagens geradas. **O processo criativo começa aqui.** Ao *designer* cabe pensar, com base no *briefing* do cliente, em todas as ideias geradas e nos sinais gráficos que serão utilizados, para, então, criar os pictogramas, ou seja, os ícones do *site*, e torná-los símbolos do que o cliente deseja comunicar a seu público.

Para isso, o *designer* precisa consolidar a mensagem desejada por meio de um conceito criativo e, em seguida, aproximar esse conceito e os sinais gráficos que vão compor cada pictograma. A partir do momento que esses sinais se tornarem uma representação. Ou seja, quando a comunicação entre um pictograma e o público for estabelecida, poderemos considerar que as representações se tornaram símbolos e o *designer* cumpriu seu trabalho criativo e comunicativo de produzir um sinal gráfico de acordo com as informações que extraiu do cliente e com suas próprias sensibilidade e técnica aplicadas ao negócio. No caso da identidade visual, não é diferente. Com base no *briefing* do cliente, aplicado aos sistemas pictóricos e ao manual de identidade de marca, caso exista um, além das solicitações específicas, a marca se torna conhecida pelo público que busca atingir.

2.5 Logomarcas e logotipos

A partir deste ponto, associaremos os conceitos de técnica e de estética aplicados a uma das mais importantes formas de criação de pictogramas no *design*: o logotipo, que identifica de forma eficaz a identidade de uma empresa. A criatividade do *designer* transforma necessidades e representações do cliente em símbolos para o público--alvo envolvido no processo comunicacional. Em seguida, cria a marca em diferentes linguagens, por exemplo, em símbolos tipográficos.

O trabalho com logotipos e logomarcas é bastante específico e consiste em projetar objetos e materializar ideias, construindo uma identidade por meio de letras e fontes para determinada marca. Ao pensarmos em uma empresa, a primeira coisa que vem à cabeça é sua logomarca, sua identidade em meio a tantas outras, que lhe permite competir no mercado para vender seus produtos e ideias. Dada sua importância, a criação e a modificação das logomarcas e dos logotipos está sempre a cargo de equipes altamente competentes. Aqui, cabe perguntar: Existe diferença entre **logomarca** e **logotipo**?

Segundo Newton Cesar (2000, p. 117), o logotipo e a logomarca "são a representação da empresa". A distinção está no fato de que o primeiro tem, em sua essência, apenas letras. A separação entre os conceitos é válida somente para fins de conhecimento. No que tange à produção e à criação, não há separação distintiva. O importante é que cada sinal gráfico na logomarca tenha um sentido e possa traduzir cada um dos valores e ideias da empresa/iniciativa. Ali deve residir a origem do negócio, a missão e o percurso percorrido pelos fundadores, além do público-alvo pretendido.

Figura 2.8 – **Exemplo de logotipo**

Os princípios de criação do logotipo são originalidade, significado e lembrança (Cesar, 2000). Um logotipo **original** é aquele que possibilita uma empresa ganhar destaque em relação às outras. Logo no início de um projeto, as características mais marcantes daquele cliente são identificadas: se tem o foco no *design*, na tradição ou na inovação; se busca criatividade ou confiança; se tem o foco em tecnologias de informação ou em relações humanas. Todas as características precisam ser representadas graficamente.

Você pode começar um *brainstorm* elencando cada uma dessas características e pensando em qual sinal gráfico poderia gerar a percepção de suas qualidades. O importante é que cada elemento faça sentido. Ao olharmos o logotipo pronto, o significado extraído precisa estar coerente com o pretendido pelo *briefing*. Se toda a composição estiver de acordo com o que foi planejado pelo cliente e para ele, o logotipo se tornará um símbolo para o público-alvo e será facilmente lembrado. Cada sinal gráfico do logotipo deve refletir, em profundidade, linhas, cores e formas, a personalidade e o espírito do cliente.

Após a criação da logomarca, o *designer* ainda precisa finalizar seu trabalho elaborando o manual de identidade visual. Esse documento compreende tudo que diz respeito às regras de criação, reprodução e modificação de cada elemento visual da empresa. Assim, diminui-se o risco de o logotipo ser alterado e resultar em uma imagem inadequada ou insuficiente. No manual também residem os símbolos, além de sua justificativa de uso. A intenção é preservar todo o projeto de criação e garantir que o cliente apareça para seu público exatamente da forma projetada.

As partes fundamentais do manual incluem o conceito de criação que fundamentou as escolhas criativas e técnicas, as formas de utilização do logotipo – se pode ser utilizado o preto e branco, ou cores frias etc. –, inversões horizontais e verticais, cores para possíveis variações etc.

Outro elemento importante é a tipologia ou a escolha dos tipos (fontes gráficas) que vão representar a empresa e compor o logotipo. Aqui, cabe lembrar que "a tipologia pode representar 50% do resultado final" (Cesar, 2000, p. 132). Letras podem ser antigas, modernas, serifadas ou não serifadas, decoradas ou simulando manuscritos. Basicamente, as serifas são as "pernas", ou bases, das letras e conferem solidez e equilíbrio às fontes. Muitas tipologias incluem, entretanto, o uso de fontes não serifadas, que podem trazer dinamismo e inovação aos logotipos mais contemporâneos.

Figura 2.9 – **Testes de tipologia**

Teste de tipologia

Fonte serifada Adobe Garamond

Teste de tipologia

Fonte não serifada Calibri

Outra parte fundamental consiste em determinar aquilo que chamamos de área de influência, ou seja, a área em volta da logomarca, suas proporções e sua tipologia (Cesar, 2000). Também são definidas suas aplicações possíveis, como em cartões de visita, memorandos, capas de livro etc. Todo lugar em que a imagem do cliente for representada pelo logotipo merece ser revisitada no manual.

A escolha de fontes no logotipo não deve obedecer meramente a critérios estéticos, mas também à mensagem que o ciente deseja comunicar, e o manual de identidade deve contemplar criteriosamente essas escolhas.

Faremos, agora, um exercício de criação de logotipo, baseado nos pressupostos de Cesar (2000). Imaginemos uma empresa fictícia, do ramo de alimentos e cujo produto mais representativo é um molho italiano de receita familiar. A origem da empresa é a região de vinícolas de Chianti. Nossa tarefa será criar uma logomarca para esse cliente, como exercício de fixação. Não será necessário criar um nome, apenas usaremos a palavra "cliente", para elaborar a arte do logotipo.

Em primeiro lugar, a ideia é fazermos uma pesquisa aprofundada da empresa, dos seus valores e do seu histórico. Como se trata de um cliente fictício, devemos nos contentar em realizar pesquisas sobre a região onde fica a suposta empresa. Vale incluir, na pesquisa, marcas de molhos e massas da mesma região, que podem dar uma boa ideia da linguagem simbólica dos produtores locais. Seria o caso de inovar ou de seguir um padrão? A escolha fica a cargo de cada um.

Em seguida, é hora de extrair da pesquisa (e de nossa imaginação) alguns elementos fundamentais que possam caracterizar nosso cliente, por exemplo, tradição, família e acolhimento. Escolha seus próprios elementos que vão direcionar a criação dos sinais gráficos.

Depois de realizada a pesquisa, é hora de pensar em formas. Quais formas se ajustam aos elementos fundamentais sugeridos? A ideia é testarmos cores e formas, rabiscarmos o papel. O resultado de nossos testes precisa ter relação com os elementos fundamentais.

Em seguida, podemos imaginar as fontes. Qual será a tipologia de nossa empresa e como ela pode reforçar os elementos que queremos destacar? Serifa, espaçamento, forma, tudo deve ser pensado nessa etapa.

Você provavelmente criou alguns testes em seu percurso. Escolha três deles e experimente mostrar seus resultados para pessoas que não têm a menor ideia do tipo de negócio da empresa. Pergunte o que cada logotipo sugere sobre o tipo de negócio e qual deles seria o mais adequado para tal representação.

Ao final desse exercício, você terá simulado grande parte do processo criativo de um *designer*, desde o momento em que recebe o *briefing* do cliente. Mais importante do que apenas entender a construção do símbolo na área de *design*, ao nos colocar no lugar do profissional que transforma sinais em mensagens visuais ou objetos carregados de significados, pudemos compreender os diversos elementos que estão inseridos em coisas tão cotidianas quanto as marcas que nos cercam.

Estudo de caso 2.1: um exemplo proveniente do mercado

Todos os anos a revista de moda *Vogue* realiza uma edição especial, no mês de setembro, que reúne os melhores *designers*, profissionais de moda, fotógrafos e artistas visuais do mundo. Ao longo de meses de preparação, o exercício dos profissionais é produzir uma capa mesclando elementos gráficos que remetam às artes visuais.

Na edição de 2020, uma referência ao pintor Salvador Dalí e à corrente surrealista da pintura transformou a logomarca da revista em uma explosão colorida de formas orgânicas, fazendo o tipo *v* tornar-se um tronco de árvore violeta repleto de pequenas flores coloridas; o tipo *o* assemelhar-se a uma boia marinha; o tipo *u* consolidar um grande muro de tijolos do qual rompiam os mesmos galhos de árvore do início da logo; e o tipo *e* terminar no arremate de um tipo *g* similar a uma cornucópia de fitas e flores cor de rosa choque. O surrealismo e a moda sempre dialogam de modo bastante profícuo. Para Ana Carolina Acom (2010, p. 286), a moda

traz os ideais surrealistas quando se apropria de objetos de "funcionalismo simbólico", afastando-os de seus significados habituais e deslocando-os. A arte surrealista, da qual Salvador Dalí e Max Ernst são os maiores expoentes, foi influenciada diretamente pelo conceito freudiano de inconsciente. Argan (2002, p. 360) comenta: "O inconsciente não é apenas uma dimensão psíquica explorada com maior facilidade pela arte, devido à sua familiaridade com a imagem, mas é a dimensão da existência estética e, portanto, a própria dimensão da arte". A psicanálise forneceu os meios para abordar o mundo interior dos desejos e da imaginação. O resultado na pintura, cinema, poesia e moda surreal é, muitas vezes, um conjunto absurdo e de natureza essencialmente onírica.

Para além da evidente inspiração surrealista da capa de revista, que remete ao universo onírico da vanguarda artística dos anos 1920 representada por Dalí, a logomarca da edição de setembro da *Vogue* nos permite pensar que, em muitos casos, o uso da logomarca e da tipografia segue padrões e parâmetros. Isso, contudo, não necessariamente quer dizer que estes não possam ser quebrados.

Assim, parte da legitimidade da marca remete à sua relação com o público, mediada pelo logotipo, que se atrela às mensagens e aos valores especificados pela equipe de comunicação e *design* de tal modo que afirma – na liberdade de reinvenção estética e artística da tipografia especificada no modelo de negócio da empresa – a força da marca, sua posição no mercado e, mais do que isso, sua aposta na inovação.

2.6 Símbolos e *storytelling*

Uma forma bastante eficaz de construir e consolidar a imagem de uma marca com o público baseia-se na ideia de *storytelling*. Para entender de que modo essa técnica pode ser associada aos símbolos e signos, precisamos compreender, primeiro, que uma identidade visual é constituída da percepção que o sujeito tem de uma imagem específica. Logo, ela não é determinada apenas pela estratégia de comunicação visual criada por toda a equipe de comunicação e *design*, mas também pelo modo como cada uma das pessoas recebe a mensagem e compreende a marca.

Assim, é necessário conceber a identidade visual como uma organização estética e linguística de símbolos, tal qual uma sintaxe, como pontua Dondis (1997). Por tratar-se de uma linguagem, sua organização pressupõe um sistema ordenado de signos, podendo ser de representação aleatória, convencional, ou guardar semelhanças com o cotidiano. Nesse viés, os símbolos e signos carregam representações simbólicas que atuam nas mentes dos consumidores e, sendo organizados de modo a trazerem os valores da marca, consolidam a imagem que se quer representar. De acordo com Anita Cristina Cardoso Magalhães (2014, p. 95),

A dinâmica da vida social aliada ao desenvolvimento tecnológico impulsionou os sujeitos a outros processos e possibilidades narrativas. Os sujeitos narram o seu entorno e são narrados novamente pelos demais sujeitos. Muito disso se deve ao poder das tecnologias da era digital, que transformam as informações do primeiro narrador em potencial informação para novos narradores e assim por diante. Isto quer dizer que as informações não são mais estáticas como antes, quando as organizações acreditavam que o discurso emitido por elas era suficiente para transmitir a mensagem aos interlocutores. Hoje as informações se desdobram em sites, blogs, comunidades virtuais, tuítes etc. Esses desdobramentos geram novas narrativas do conteúdo inicialmente narrado e tomam dimensões que superam as expectativas do enunciado inicial ou do fato em si.

Dessa forma, apenas na criação e elementos visuais coerentes com a marca, garantimos a penetração dos valores e modelos de negócios pretendidos, correto? Não necessariamente. Nesse ponto, é necessário entender o contexto cultural que atravessa as representações simbólicas e que determina, em larga medida, aquilo que compreendemos pelas percepções de cada um.

Entendemos, assim, as formas culturais que atravessam nossas práticas sociais como o conjunto de valores, crenças, hábitos, discursos e práticas que compõem nosso cotidiano e que fomentam o que somos como indivíduos. Assim, se nossa percepção é atravessada por essas formas, as narrativas que permitem consolidar nossos afetos e formações também são. Por meio das narrativas, identificamo-nos como sujeitos, aprendemos nosso lugar no mundo e integramo-nos a uma coletividade. Cada uma das histórias que nos atravessam traz componentes irremediáveis de afeto, memórias coletivas, representações e sonhos. Segundo o filósofo francês Edgar Morin (1997, p. 14),

uma cultura orienta, desenvolve, domestica certas virtualidades humanas, mas inibe ou proíbe outras [...]. A cultura é composta por normas, símbolos, imagens e mitos que se projetam e se associam aos indivíduos que se identificam com essa cultura orientando suas ações, instintos e emoções.

Portanto, Morin entende a cultura como um conjunto de símbolos, mitos, normas e regras que penetra o indivíduo em sua intimidade conforme processos de projeção e identificação, por meio do imaginário. A cultura medeia a realidade e o imaginário, propõe normas e interdita hábitos, conforme a época.

Nesse "murmúrio coletivo", nós fazemos parte de um meio social em que os mercados se formam e as marcas atuam. Logo, a capacidade de construir narrativas é o elemento fundamental para pensarmos a marca como parte de uma coletividade, atravessada igualmente por valores, afetos, memórias e crenças. Dessa forma, ao criar narrativas de marca, a empresa apreende os símbolos culturais que compõem o contexto em que está inserida, apropriando-se de um arcabouço simbólico comum tanto a si quanto a seu público. Em seguida, estrutura uma história que desenvolva sua trajetória não somente no seu nicho de mercado, mas também com seus clientes.

Nesse processo, aspectos como o elemento humano de contexto histórico, as modificações no tempo e no espaço, o desenvolvimento de estratégias, produtos e serviços, as dificuldades e as inovações tornam-se palavras, símbolos que vão fortalecer a marca em relação a seus clientes. As narrativas, na atualidade, extrapolam os *sites* corporativos e as mídias tradicionais, alcançando os clientes nas palmas de suas mãos. Elas se tornam alvo fácil de compartilhamentos, ressignificações e apropriações nem sempre benéficas para o modelo de negócio especificado pela empresa. Logo, a consolidação de símbolos da marca por meio de histórias reforçadas por símbolos culturais de grande valor auxilia a aproximação entre a empresa e o imaginário social.

Este é, então, o papel do *storytelling*: criar uma narrativa consistente que consiga unir o arcabouço simbólico-cultural aos símbolos da própria empresa, de modo a aproximar, emocionar, criar e consolidar um relacionamento com o cliente. Mas o que é o *storytelling*? Magalhães (2014) afirma que

> O *storytelling* é a narração de histórias repaginada, com uma nova linguagem para atender as demandas dos negócios comunicacionais das organizações privadas e públicas. Nassar e Cogo no artigo "Memória e narrativa organizacional como expressões da cultura organizacional: o poder do *storytelling*" (2013, p. 1), [sic] evidenciam a semelhança da abordagem comunicacional entre contar histórias e *storytelling*, como também sua importância como construção de uma nova forma de as organizações se narrarem, que eles consideram até mais envolvente, afetiva e de repercussão. (Magalhães, 2014, p. 98)

De modo geral, o funcionamento do *storytelling* envolve a criação de uma narrativa que explore os pontos fortes do personagem ou da empresa, descrevendo sua trajetória de vida, o percurso de desenvolvimento de produtos, a transformação no modelo de negócios etc. Se compararmos, é possível identificar a trajetória de desenvolvimento de uma empresa ao longo do tempo com uma saga de cinema, daquelas com uma curva dramática acentuada e um herói carismático a bordo de uma aventura inesquecível: no planejamento de negócios, a pesquisa de mercado é o momento em que o "herói do filme" inicia sua aventura, tomando do mapa e identificando qual caminho percorrer.

Cada etapa do desenvolvimento de produtos e serviços, a criação de linhas de venda, as pequenas e médias parcerias que se iniciam podem ser os viajantes, os perigos e as peripécias encontradas por nosso herói ao longo do caminho. Qual é a empresa que não se vê obrigada a redirecionar seu foco ao longo dos anos? Aqui e ali, as boas histórias vão se acumulando na memória do herói e no percurso da empresa, construindo – se tudo correr bem – uma bela trajetória de sucesso.

Magalhães (2014, p. 97) afirma que "a projeção da memória e experiência para um lugar de espetáculo restaura na organização suas premissas de identidade, reputação e conexão com seus públicos". Aqui, podemos identificar uma analogia que se assemelha muito ao processo do *storytelling*. Não se trata somente de contar boas histórias, mas de utilizar as estratégias adequadas para captar a atenção do público. A principal é atiçar sua curiosidade sobre o desenvolvimento de um produto ou serviço, ou sobre o planejamento de negócios. Para tanto, há inúmeras estratégias de persuasão, como a ideia de utilizar testemunhos de autoridades, especialistas ou pessoas conhecidas.

Podemos identificar esses personagens como as "participações especiais" do filme. Eles fortalecem a imagem da empresa e, consequentemente, valorizam sua identidade visual. Contudo, para que consigam dar peso à marca, é necessário que sejam símbolos valorizados dentro da coletividade e que tenham suas imagens associadas a valores com os quais a empresa gostaria de ser identificada. Logo,

a dimensão simbólica das sociedades em que vivemos está organizada pelo mercado, os critérios são o êxito e o alinhamento com o senso comum dos consumidores. [...] vivemos uma época de forte subjetividade e, nesse sentido, as prerrogativas do testemunho se apoiam na visibilidade que o pessoal adquiriu como lugar não simplesmente de intimidade, mas de manifestação pública. Isso acontece [...] fundamentalmente nesse território de hegemonia simbólica que são os meios audiovisuais [...] Não se trata simplesmente de uma questão da forma do discurso, mas de sua produção e das condições culturais e políticas que o tornam fidedigno. (Sarlo, citada por Magalhães, 2014, p. 97)

De tal maneira, mais do que apenas ser conhecida, é preciso que a corporação seja **conhecida pelos motivos corretos**. A forma mais eficiente é, certamente, a identificação da marca com valores humanos, divulgados por seu conteúdo relevante, mesclando estratégias de comunicação e *design*. Nesse processo, os elementos fundamentais são a memória, o afeto e a criatividade. Toda corporação deve ter uma boa história para contar, que a associe a valores simbólicos da cultura em que está inserida. Além disso, é preciso investir na associação entre emoção, curiosidade, personagens marcantes e elementos inusitados, em suma, todos os componentes de um excelente filme.

Você, provavelmente, está se perguntando como criar narrativas de uma empresa com uso dos símbolos: ora, recorremos ao *storytelling* ao criarmos as estratégias de divulgação de uma campanha, escolhemos os símbolos gráficos, as cores, os elementos mais representativos, os personagens que se destacam. Além disso, a linguagem que será utilizada, dependendo do espaço a ser ocupado, também é de igual relevância, adaptando-se ao público, ao espaço e, principalmente, ao contexto social em que se está inserido. Esse é o papel dos símbolos, sejam gráficos, sejam culturais.

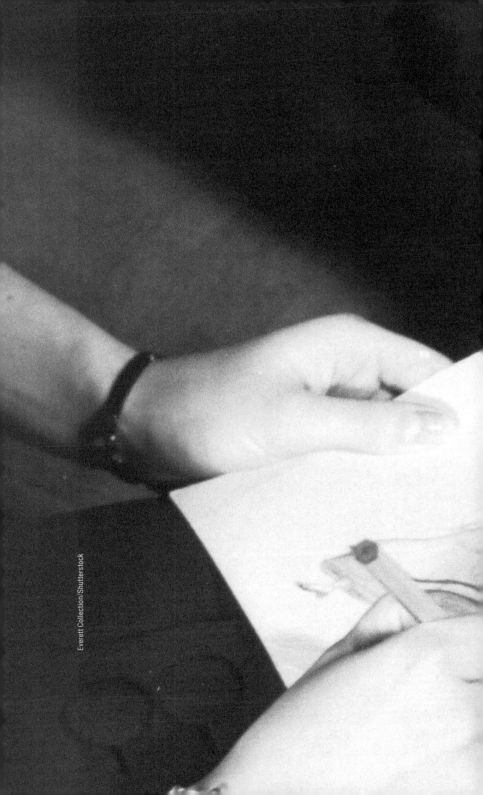

Capí-tulo 3

REGRAS DE COMPOSIÇÃO VISUAL

3.1 Panorama histórico das técnicas de composição visual

Em uma estação de trem, a fumaça cria uma atmosfera difusa de luz e sombra, como brumas que permitem uma outra experiência de espaço e tempo. A estação, denominada *Saint Lazare*, localiza-se na França e a imagem foi imortalizada na pintura de Claude Monet, sendo reconhecida como ícone da ascensão de uma nova era: a modernidade (Monet..., 2021).

No contexto de confecção da pintura de Monet, os sinais de uma nova época apresentavam-se, seja nos livros, seja no pensamento humano, seja, consequentemente, na percepção dos sujeitos em relação à arte, com a definição de novos olhares e práticas no tangente à expressão e ao imaginário humanos. Essa transformação permitiu a mudança do lugar da arte e a ascensão de áreas como o *design*, bem como a consolidação de mercados de consumo em que a criação se firmou não somente na forma, mas também na função. Assim, as marcas e empresas começaram a fortalecer seus arcabouços de símbolos e mercadorias em um sistema de produção cada vez mais acelerado. Contudo, a compreensão desse fenômeno demandou uma análise do caminho da arte, que, até então, ocupava um espaço de culto, logo, de compreensão e acesso restritos a poucos escolhidos, em direção a um estágio em que passou a ocupar as prateleiras dos mercados. Isso porque essa mudança identifica um novo estatuto de percepção, que determina os modos de composição de arte, percepção e imagem. Apresentaremos, então, um breve panorama histórico da ideia de percepção, a fim de compreendermos os caminhos pelos quais a arte – em suas distintas formas de expressão – passou ao longo do tempo.

No Renascimento, época compreendida entre os séculos XIV e XVI (Gombrich, 1993), houve um deslocamento do imaginário humano que proporcionou, entre outras ideias, a criação da perspectiva científica, que aplica métodos matemáticos à arte e confere à percepção um lugar fundamental na criação e na fruição artística. Pode-se considerar que esse foi um ponto de partida para a modernidade, com a mudança de uma estrutura social teocêntrica, ou seja, pautada nos desígnios divinos, para a antropocêntrica – em que o homem e seu ponto de vista eram o centro das atenções –, a condição para que a arte e a cultura humanas abarcassem outros modos de ver o mundo.

Mais do que somente identificar a composição como um espaço de construção plástica de elementos como símbolos, sinais, cores e formas, é necessário, então, localizar os modos pelos quais a percepção sobre esses elementos é modificada. À medida que o homem caminha, localizando-se historicamente no espaço e no tempo, altera seu ponto de vista, sendo atravessado pelo mundo que ele mesmo constrói em seu percurso. Logo, os fluxos de atravessamentos culturais, o desenvolvimento do comércio entre povos e a reestruturação política de Estados absolutistas – pautados na monarquia – sob a forma de Estados liberais – pautados nas liberdades individuais – foram a condição de possibilidade para a emergência de grandes mercados de consumo e, posteriormente, das primeiras marcas e da ideia de público. Não é possível falar em identidade visual, portanto, sem deslocar nosso olhar em direção ao contexto que proporcionou a emergência do *design*, a função das imagens e a composição que as organiza diante do seu público.

Foi justamente em uma era de aumento de fluxos entre os povos que as culturas começaram a se mesclar, modificando modos de pensar. Não por acaso, a mudança não ocorreu somente no campo da arte. Nos aspectos políticos, o fortalecimento das cidades-Estados e, posteriormente, das nações na abertura de novos canais de comércio e as disputas econômicas e políticas fomentaram trocas culturais que afetaram definitivamente os imaginários, criando novas formas de pensar e de ser nas artes, na religião e no cotidiano. Intensificou-se, nesse fluxo, o olhar crítico, que se afastou do pensamento teocêntrico e da concentração de poder nas mãos da aristocracia. Desse modo, nos séculos XVI e XVII, iniciou-se uma busca intensa pela descoberta de novos trajetos para dar fluxo ao comércio.

Das terras novas das Américas, conquistadas e colonizadas pela mão brutal do colonizador diante de um mundo que o olhar europeu não conseguia compreender, advieram cores e formas que atingiram em cheio as retinas dos novos artistas que se formavam. Eram tantas e tão diversas que impulsionaram a transformação radical das formas de expressão estética e social. Já não era mais possível entender o mundo como antes. Na esteira das revoluções que buscavam a ampliação da liberdade individual, como a Revolução Francesa, o mundo se preparava para se tornar um repositório de fluxos de culturas, comércio e outras formas de ver e ser. De acordo com Ernst Gombrich (1993, p. 475),

a época moderna começou com a descoberta da América por Colombo em 1492. Recordamos a importância desse período na arte. Era o período da Renascença, o tempo em que ser pintor ou escultor deixou de ser uma ocupação como qualquer outra e se tornou uma vocação à parte. Foi o período durante o qual a Reforma, através de sua luta contra as imagens nas igrejas, pôs fim ao mais frequente uso de pinturas e esculturas em grandes partes da Europa, e forçou os artistas a procurarem um novo mercado.

Contudo, antes, foi necessário criar um novo mundo à imagem e semelhança das novas ideias que os fluxos de pessoas e mercadorias traziam. Não à toa, o século XVIII trouxe a reboque a luz da ciência, a era das revoluções liberais, do direito à propriedade e à liberdade e a compreensão do indivíduo como centro do universo. Para Gombrich (1993, p. 499), a percepção da arte, a partir do século XIX, tornou-se "ruptura da tradição", fomentando novas formas de pensar e viver conforme as cidades se desenvolviam. Assim, a Revolução Industrial gerou novos modos de produção e a aristocracia temia as revoluções que sacudiram o final do século. Não por acaso, a arte foi atravessada por outros meios de fazer, em que o artesanato e o controle de todos os processos foram pouco a pouco substituídos por linhas de montagem nas guildas de ofícios, nas primeiras manufaturas e nas corporações.

De um modo definitivo, as revoluções que abalaram as estruturas dos Estados absolutistas não somente possibilitaram a criação de um mundo pautado na produção e no comércio, mas consolidaram o pensamento antropocêntrico que passou a orientar os imaginários. Desse modo, o olhar que se traçou em relação ao mundo não foi somente embasado na ciência e na razão, mas também na percepção humana, em que a tradição das artes, seja na pintura, seja na escultura, seja na arquitetura, encontrou novos campos de criação. Logo,

Em fins do século XVIII, esse terreno comum parecia estar cedendo gradualmente. Atingimos a época realmente moderna que dealbou quando a Revolução Francesa de 1789 pôs fim a tantos pressupostos que haviam sido tomados por verdadeiros durante séculos, se não por milênios. Assim como a Grande Revolução tem suas raízes na Era da Razão, aí se originaram também as mudanças nas ideias do homem sobre arte. (Gombrich, 1993, p. 475)

Os artistas expandiram as possibilidades de composição, ao mesmo tempo, surgiu a angústia pela possibilidade de perda de seu lugar, posto que a arte também perdeu seu espaço predeterminado de criação, abrindo-se ao novo mundo que se iniciava. Houve, no fim do século XIX, a emergência de outras luzes, a reboque de invenções como a fotografia e o cinema, que, de tão representativas para a mudança do estatuto da arte de objeto de culto a produto reproduzido industrialmente, necessitam um aprofundamento maior.

Primeiro, é preciso que se entenda a **composição como forma artística**. Na arte, assim como na vida, as imagens com as quais os sujeitos constroem formas de estar no mundo, bem como as representações e os valores que estruturam a sociedade, alternam-se no tempo. No caso do cinema, primeira arte com propósito de proporcionar fruição coletiva, o imaginário mesclou-se ao próprio imaginário moderno. Assim, a princípio, os filmes produzidos pelo cinematógrafo dos irmãos Lumière eram apenas uma diversão – já que, inicialmente, eles viam a invenção como algo sem futuro (Mascarello, 2006) – ao libertarem "a pintura e a fotografia da tarefa de capturarem o instante mais representativo em apenas um quadro" (Pinto, 2015, p. 13).

Contudo, conforme assinala Tatiane Mendes Pinto (2015, p. 13-14),

antes que se pense que a lente capturou o real por excelência, convém lembrar que uma visão pode ter infinitos pontos, como um prisma que oferece a cada lado uma cor diferente, dependendo do ângulo que se quer olhar. Um filme é nada mais [sic] do que a visão de alguém sobre algo, traduzida em palavras que buscam mobilizar toda uma equipe que vai produzir e vender um conjunto de visões de mundo que outros tantos sonorizaram, cortaram e editaram, construindo uma mensagem que é deveras diferente daquilo que o primeiro pensou e também que se pôs no papel. Por definição, o cinema é construção e percepção coletiva. E nada mais suscetível à percepção do que potencializar todos os sentidos em visão e audição, canalizados em estado de inércia em uma câmara escura. Ao assistir um filme, entrega-se a alma à história escolhida, gerando todo um universo de sentidos particulares, onde experiências, dores e alegrias tornam-se uma só percepção, na forma como se pode decodificar cada símbolo ou cor, traduzidos em luz e som. Como uma trama de cores, o cineasta desafia sua história quadro a quadro, determinando a costura na qual os retalhos de imagens que vão se apresentar ao público penetram nas mentes e almas como agulhas finíssimas em seu conjunto de significados ou somente tocam a superfície das emoções mais externas, dependendo da forma como o tecelão-cineasta vai compor a trama que quer contar.

Historicamente, os cineastas perceberam o poder de sua arte:

Podiam criar realidades, construir universos e subverter todas as leis da física. E vieram os filmes fantásticos, de conteúdo surreal, trazendo seus monstros e situações bizarras, provocando desconforto e fazendo pensar. Ora, se o mundo andava de ponta cabeça na tela, por consequência deveria também estar na vida real moderna[1] [...]. E quem se arriscava à viagem cinematográfica dos sentidos levava para casa uma nova percepção. Mas eram poucos os corajosos que se atreviam a abrir os olhos, pois a grande maioria queria navegar às cegas, enxergando no cinema a fuga para a dura realidade que enfrentava todos os dias. Não por acaso, Charney conceituara a experiência moderna, da qual o cinema era o expoente mais significativo, como a vivência do choque.

---

1   Segundo o historiador Nicolau Sevcenko (2001), tal período histórico pode ser representado pelo "loop da montanha russa".

Para o filósofo alemão Walter Benjamin (2012), a experiência moderna trazia outras formas de pensar e vivenciar a arte. Em "A obra de arte na era da sua reprodutibilidade técnica", um de seus textos mais famosos, o autor desenvolveu diversas teses sobre a arte, relativas à sua reprodução (Benjamin, 2012). Sua análise inicia-se com a afirmação de que a obra de arte sempre foi passível de reprodução, seja pelos métodos antigos dos gregos, seja após o surgimento da reprodução de gravuras pela litografia ou xilogravura.

Entretanto, a mera reprodução não consistia ameaça à autenticidade da obra de arte, imersa até então no que se denominou *aura*, ou seja, no aqui e agora do objeto, firmado na tradição da cultura em que estava inserido. O que, de fato, causou uma ruptura substancial no valor da obra de arte foi o aparecimento da reprodução técnica, que permitiu não somente captar a essência do objeto, mas perceber, por vezes, detalhes que até então não eram perceptíveis. Benjamin (2012) ressalta que a obra de arte, então, permanecia primeiramente inserida no valor de culto, ou seja, sua importância era fruto de sua existência, e não necessariamente de sua exposição. A visualidade da obra estava inserida no contexto da tradição cultural, cercada por meios rituais de preservar sua aura. Nesse sentido, o que a reprodutibilidade técnica proporcionou foi uma mudança no olhar direcionado ao objeto de arte: a quebra de sua aura e a diminuição da importância dada à originalidade do artefato, do gênio, da criatividade, da forma e do conteúdo.

Assim, a primeira forma de reprodução técnica serial, a **fotografia**, foi o impulso inicial para um questionamento sobre o papel da arte, pois a câmera começou a perceber a realidade de uma forma específica, captando detalhes antes não identificáveis pelo olho humano. Com essa revolução, o cinema, a primeira grande arte reproduzível, constituiu-se como destruidor por excelência da tradição e modificador da percepção da realidade e da função social da arte na sociedade. Nesse contexto, o cinema firmou-se como a arte coletiva no mais alto grau, seja no que tange à produção de seus filmes, seja na fruição de seus produtos, modificando a percepção tanto do público quanto dos profissionais responsáveis por sua existência. Desse modo, por exemplo, para o ator de cinema, atuar não é, como para o ator de teatro, encarnar um papel, pois se trata de representar a si mesmo diante da câmera de especialistas cuja função consiste em aperfeiçoar sua *performance* por meio dos processos de criação. Cabe ao ator de cinema o exercício de ser ele mesmo e conseguir manter sua humanidade diante do aparato tecnológico.

O **cinema** tem, então, como **tarefa mais importante o equilíbrio entre o indivíduo e o aparelho e existe tão somente para a coletividade**, para ser divulgado e apreciado por uma multidão ou massa, como ponderava Benjamin (2012). Logo, com sua invenção e disseminação, a composição e a percepção transformaram-se simultaneamente.

Diante da reprodutibilidade técnica, o espectador buscou, cada vez mais, aproximar-se da obra de arte, considerada, até então, um objeto distanciado, sendo inserido no universo do fantástico e do extraordinário pela magia criada pela câmera. Apoiada nesse caráter mágico, a indústria do cinema buscou cooptar o público pelo viés onírico da produção cinematográfica, isentando-o de perceber no cinema, como Benjamin (2012) sinaliza, seu provável uso político baseado em sua condição de reproduzível para um grande público. O autor ressalta que o potencial político do cinema deverá, entretanto, aguardar que este se liberte do capitalismo para emergir (Benjamin, 2012).

Pelo fato de mudar a percepção do homem em relação à arte, a reprodução afeta a recepção, que somente será captada por novas formas de arte, assim como a fotografia e o cinema abriram perspectivas em relação à apreensão da realidade que a fotografia porporcionava. Benjamin (2012) compara o pintor e o cinegrafista ao curandeiro e ao cirurgião. Ele analisa que o pintor e o curandeiro estão em uma relação de distanciamento em relação à realidade, ao passo que o cinegrafista e o cirurgião penetram profundamente na realidade. Nesse viés, a massa percebe o filme de modo mais próximo que a pintura, pelo simples fato de percebê-lo não pela associação de ideias (recolhimento), mas de modo tátil, como algo que o atinge inconscientemente (distração). O público, para Benjamin (2012), observa o filme como o psicótico ou o sonhador, sendo confrontado continuamente com imagens que se sucedem. Desse modo, o cinema, mais do que uma visão, é uma experiência.

Finalmente, Benjamin ressalta que, mediante os novos meios, da massa – na sociedade de consumo que consolida o espaço de marcas – emana uma atitude nova em relação à arte que pode ser usada com propósitos políticos, tanto para combater o fascismo em sua tentativa de estetizar a política quanto para encantar com a venda de sonhos nas figuras das estrelas de cinema, afastando a massa da conscientização. A arte não pode afastar-se da realidade, deve ser lírica, mas também deve possuir reflexividade.

Dessa perspectiva de uma arte industrial, partimos para pensar o *design* como modo de produção estética que fomenta o consumo e fundamenta não somente a criação, mas também a percepção.

O *design* nasce, até para a massa, como cultura direcionada – assim como preconizou Benjamin (2012) – ao consumo e à serialização, que permitiram a ascensão dos mercados, das marcas e da estrutura industrial sobre a qual o próprio *design* se apoia. Por outro lado, a modernidade traz algumas transformações. Como vimos no capítulo anterior, Edgar Morin (1997) propõe um debate sobre a questão cultural como um conjunto de símbolos, mitos, normas e regras que penetram o indivíduo em sua intimidade segundo processos de projeção e identificação, por meio do imaginário. Nesse sentido, a cultura medeia a realidade com o imaginário, propõe normas e interdita hábitos conforme a época. Segundo Morin (1997), a cultura de massa é diferente da cultura humanista (conectada à produção erudita), da cultura nacional (identificação com os heróis da pátria) e da cultura religiosa (identificação com um Deus que salva), sendo a única cuja fruição interpenetra o cotidiano, daí vem sua força. Ela se nutre das demais formas de cultura e entra em concorrência com elas.

Em um primeiro momento, a cultura de massa e os meios de comunicação produziam mitos distanciados do público, provocando apenas projeções, mas não levando à identificação. O cinema foi inicialmente estudo do movimento e, posteriormente, expressão de uma época, originando toda uma gama de produções estéticas que alcançaram as mídias de massa, as telas de televisões, vídeos e, posteriormente, a internet e as mídias sociais. Em todos os pontos, a produção em larga escala de imagens, ainda na atualidade, cresce exponencialmente.

Desse modo, Edgar Morin analisa a produção cultural em um momento em que as sociedades se industrializavam, e os modelos fordista e taylorista de produção eram sustentados por um Estado keynesiano de bem-estar social. Criavam-se, assim, as condições para garantir a subsistência da população e a emergência do tempo livre, para o qual as indústrias culturais voltaram seus olhos.

A arte tornava-se objeto de consumo e o trabalhador individualizava-se em seus desejos, buscando, pela primeira vez, a felicidade individual, a diversão e a novidade. O Estado garantia a demanda e o consumo, equilibrando o eixo produção-consumidor.

Assim, a industrialização atinge um modo mais humano quando se aproxima dos sonhos e dos ideais de felicidade do homem. Entretanto, como expandir o mercado, contemplando todos os setores da sociedade com produtos culturais? Era preciso estabelecer uma média e produzir uma linguagem que atingisse não só o público culto, mas também a massa, o aglomerado de indivíduos comprimidos em uma só realidade social. Nesse contexto, os profissionais da criação são atravessados por uma realidade que muda não somente mercados, mas também os corpos, as mentes e as formas de constituição da composição visual. Na atualidade, ainda que não se possa mais falar em Estado de bem-estar social e produção unicamente massiva de imagens e bens de consumo, as indústrias sobre as quais se firmam o *design* e a comunicação visual ainda produzem imagens, símbolos e formas em larga escala, mas agora em uma perspectiva planetária. Nessas bases, consolida-se o século XX, na emergência de uma sociedade de consumo cada vez mais voraz, produzindo imagens, produtos e marcas e gerando um espaço de disputas pela memória e pelo coração do público. Gombrich (1993, p. 424) afirma:

Existe, de fato, uma lição a extrair do contraste entre a uniformidade insípida dos países totalitários e a alegre variedade de uma sociedade livre. Quem observar a cena contemporânea com simpatia e compreensão deve reconhecer que até a avidez do público pela novidade e sua receptividade aos caprichos da moda acrescentam um certo sabor estimulante à nossa vida. Incentivaram o espírito de inventiva e uma alegria aventurosa na arte e no *design*, capazes de causar na geração mais velha inveja dos jovens.

Nesse viés, torna-se fundamental perceber os modos pelos quais cores e formas podem auxiliar a consolidar as identidades visuais de corporações em relação a seu público. Objetivando essa compreensão, analisaremos como esses elementos se conectam para criar a composição visual. Até agora, os assuntos abordados tangenciam-na de modo histórico, a partir de agora, vamos discutir cada elemento separadamente, considerando suas influências na imagem como um todo.

Sabemos que, em cada componente, seja símbolo, seja sinal, seja elemento gráfico, seja textual, há sempre uma fração que pertence àquele que o cria (no nosso caso, o *design*er) e outra, igualmente importante, que cabe ao observador, aquele para quem a mensagem se destina. Em ambos os lados, há regras a serem aplicadas a cada um dos elementos que orientam a composição. Nesse contexto, forma e conteúdo são a premissa que orienta a mensagem consolidada e unificada, tal que se aproxime do público. Desse modo, mais do que apenas construir a sintaxe visual, é necessário identificar o papel dos elementos isolados no contexto social em que estão inseridos.

Você sabe quais são as regras de ouro em uma composição visual? Iremos conhecê-las nas seções a seguir.

3.2 Princípios básicos da composição visual

Conceituamos composição como uma organização de imagens, em que cada um dos elementos pressupõe uma narrativa construída de luz, sombra e cores. Mas nem sempre foi assim. De fato, para compreendermos com exatidão a ideia de composição de uma imagem na limitação do plano, precisamos considerar a contextualização histórica da fotografia, posto que, na emergência da possibilidade de capturar o real, não somente houve a evolução técnica e do aparato necessário para o registro das imagens, mas também surgiu todo um imaginário diferenciado que suscitava, conforme especificamos anteriormente, uma outra relação com o real e a desconstrução do olhar direcionado às imagens, visto que todas as formas de representação até então foram ressignificadas. De repente, não havia mais o processo lento de composição visual, mas uma aceleração da captura em tal medida que também ocorreu uma modificação dos sujeitos inseridos em um real cada vez mais registrável. Não por acaso, Roland Barthes (1984, p. 118) pondera:

a imobilidade da foto é como o resultado de uma confusão perversa entre dois conceitos: o Real e o Vivo: ao atestar que o objeto foi real, ela induz sub-repticiamente a acreditar que ele está vivo, por causa desse logro que nos faz atribuir ao Real um valor absolutamente superior, como que eterno; mas ao deportar esse real para o passado ("isso foi"), ela sugere que ele já está morto.

O real muda a perspectiva do estatuto da imagem e da relação com o tempo. Desde 1826, com a invenção de Joseph Nicéphore Niépce (Argan, 1992), a fotografia tem modificado a construção de registros sobre o real e a percepção das mentes e olhos humanos sobre ele. Na fotografia, o olhar é convocado por algo alheio à intenção do fotógrafo, que Barthes (1984, p. 46) chama de *punctum*: "A esse segundo elemento que vem contrariar o *studium* chamarei então *punctum*; pois *punctum* é também picada, pequeno buraco, pequena mancha, pequeno corte – e também lance de dados". Esse elemento se encontra presente independentemente da composição visual criada pelas intenções do artista, seja fotógrafo, seja cineasta, seja *designer*.

Na atualidade, a ação de fotografar aproxima-se cada vez mais de algo banal, modificando nossas formas de vida, relações e alcançando níveis inimagináveis na produção de imagens. O real nunca foi tão apreensível, nem tão passível de ser eternizado. Beneficiada pelo desenvolvimento tecnológico, a busca pelo registro de situações do dia a dia e o constante fluxo de imagens por meio das redes sociais tornam a fotografia mais do que uma técnica, mas uma necessidade humana. Ao longo da história, o ato de capturar um instante da realidade acompanhou a modificação da experiência dos sujeitos em sociedade. Enquanto nos primórdios do século XX, com o surgimento das primeiras câmeras fotográficas, cabia apenas ao profissional da imagem a técnica e o equipamento exatos para a produção de registros do real, nos tempos da cultura da conexão – de mídias que propagam a todo instante fragmentando nossas vidas em redes –, qualquer pessoa com acesso a um celular tem a chance de também captar seu instante de realidade particular.

A palavra *fotografia* surge da união entre *fotos*, ou seja, "luz" e *graphos*, isto é, "gravação". Logo, o termo remete à captura da luz em instantes representativos e a seu registro por meio dos suportes técnicos com competência e sensibilidade. Para possibilitar esse tipo de técnica, foi necessário descobrir o princípio da câmara escura e dos materiais que, quando expostos à luz, se deixavam atravessar e imprimiam a realidade em papel. Na prática, a câmara escura envolvia um processo químico de sensibilização de sais de prata que escureciam sob a ação da luz. Ainda no século XVII, o químico suíço Carl Wilhem Scheele identificou o fenômeno, obtendo imagens por meio da aplicação de cloreto de prata sobre papel e, em 1826, a primeira fotografia foi revelada ao mundo (Libério, 2013). A partir de então, a evolução tecnológica permitiu o armazenamento de imagens e a posterior reprodução em série, com a industrialização de materiais que transformaram uma prática quase artesanal de criação de placas e papéis sensíveis em uma inimaginável construção cotidiana de imagens, como um fluxo interminável que modifica imaginários e pessoas.

No percurso histórico da captura de imagens, conforme evoluem os processos técnicos, as mentalidades e os sujeitos também evoluem. São três atos que foram sucessivamente modificados conforme a evolução tecnológica dos processos de captação, reprodução e distribuição de imagens, passando pela automação do processo de captura que levou à produção de dispositivos em que o fotógrafo intervinha cada vez menos, confiando em todas as decisões do equipamento. Na esteira dos processos sociais da modernidade, a captura de imagens passou a fazer parte do cotidiano dos sujeitos e, por vezes, atravessou a história humana como o registro mais representativo de uma determinada época. Com a fotografia, o homem pôde registrar o real, manipulá-lo e produzir narrativas imagéticas com os mais distintos propósitos, incluindo o consumo. É nesse contexto que o papel do *design* e da comunicação aplicada ao mercado se insere, marcas e identidades, que é nosso foco nesta obra.

Precisamos lembrar que no *design*, elementos e regras têm um só foco: produzir informação útil com origem na demanda do cliente, isto é, qualquer que seja a opção estética, esta deve ser amparada por uma escolha funcional, sinalizada no *briefing* do cliente. Partindo de tal premissa, abordaremos, nas subseções a seguir, algumas regras clássicas para que todos os elementos da composição visual estejam em harmonia com o objetivo final da mensagem sinalizada pelo cliente.

3.2.1 Regra dos terços

Em uma determinada composição visual, a organização dos elementos pressupõe a disposição de cores e formas, limitadas pela materialidade do quadro em que estão inseridas, assim como uma imagem nossa refletida no espelho.

Faça esse exercício!

Ao observar seu próprio rosto em um espelho, qual elemento chama mais sua atenção? O que está além de sua imagem? Qual é a composição do ambiente? Quais são as cores? Há elementos como frascos de perfume, azulejos, toalhas ou janelas? Qual é a posição de cada um em relação aos demais? Se pudermos dividir o espaço do espelho nas metades direita e esquerda, você poderia verificar alguma diferença entre elas? Há equilíbrio ou desequilibro entre elas? O que está do lado direito? Quais cores podem ser percebidas, se é que há alguma? Agora, verifique a metade esquerda. Você nota algum elemento que se destaca?

Ao traçarmos uma divisão na imagem, dividindo-a em setores, podemos comparar os lados, começando a perceber como uma imagem tão simples como o reflexo dos nossos rostos também pode ser percebida pela perspectiva da composição visual. Se pensarmos em linhas imaginárias, traçadas horizontal e verticalmente, e as dividirmos em terços, algumas informações interessantes podem ser percebidas. No cruzamento das linhas, temos o que chamamos pontos de interesse. Há quatro deles.

A escolha da composição deve obedecer à intenção da imagem. Se o objetivo for representar a estabilidade e solidez, a opção é colocar o elemento central no quadrado central das linhas, dando enfoque à composição como um todo. Por outro lado, se quisermos destacar um elemento, diferenciando-o de todo o restante, ele precisa ser deslocado dos pontos de interesse, tal que capte nossa atenção. Portanto, no exercício, se você se deslocar para um lado ou outro do enquadramento do espelho, poderá observar a modificação do ponto de vista. Da mesma forma, provavelmente elementos do ambiente também são enquadrados de modo diferenciado, tornando-se mais ou menos visíveis conforme nos movemos. As linhas traçadas em nossa imaginação são um recurso muito utilizado para perceber a harmonia entre cada um dos elementos visuais de uma imagem e a relação que se estabelece entre eles.

Desse modo, se há uma clara intenção de estabilizar a foto como um todo, as linhas são um recurso possível para "organizarmos" os elementos de uma imagem. Essa representação nada mais é do que a regra dos terços, simplificação da **espiral de ouro**, que será abordada a seguir. Por ora, podemos entender que a espiral de ouro utilizada como forma de estabelecer uma proporção para a organização das coisas da natureza (incluindo o homem) foi criada por Phideas, um arquiteto grego da Antiguidade, que estabeleceu a relação entre as linhas horizontais de uma espiral, para medir formas orgânicas, como conchas e plantas.

O mais importante a ser compreendido é que há um diálogo entre a intenção do criador da imagem e a percepção do observador, entrecortado pelas linhas de força que atravessam cada composição visual. Rudolf Arnheim (2000, p. 8) compartilha dessa observação quando aponta que a "percepção é realmente um campo contínuo de forças". Desse modo, cada elemento da imagem precisa ser tensionado e organizado de acordo com determinadas regras, para provocar um efeito no observador, seja de harmonia entre as partes, seja de destaque de um ponto específico.

Agora que conhecemos a regra dos terços, que tal um exercício? Observe as imagens que estão à sua volta e tente traçar as linhas de grade nelas, de modo a usar a regra dos terços para verificar quais elementos estão nos pontos de interesse e quais fogem da centralidade da imagem.

Pegue a câmera do seu celular e verifique se há o recurso disponível. Então, você pode começar a enquadrar tudo aquilo que cerca você, organizando os elementos visuais ao longo das linhas. Experimente enquadrar o mesmo assunto em diferentes modos de organização: mais perto das linhas, no centro do quadrado formado pelo cruzamento delas, mais distante das bordas, mais perto etc.

Quais são os efeitos do exercício anterior? A imagem fica mais ou menos equilibrada conforme o enquadramento muda? Esse modo de equilibrar uma composição visual é denominado **simetria**.

3.2.2 Simetria

Há determinadas regras que, assim como a regra dos terços, que acabamos de estudar, são recursos bastante utilizados por fotógrafos, cineastas, *designers* e diretores de arte e criação que trabalham com a composição visual. Para nos auxiliar na compreensão mais aprofundada dos princípios que regem essas regras, dialogaremos com Bruno Munari (1997). Em seus estudos, Munari (1997) debruça-se sobre os modos como as formas estabelecem relações em uma imagem para criar uma composição visual. Entre esses modos, podemos destacar a simetria como a capacidade de organização harmônica, de maneira que as partes de cada imagem se equilibrem em relação a cada um de seus elementos. Cabe-nos compreender os cinco casos básicos que determinam esse tipo de relação (Figura 3.1):

- **Identidade**: movimento em que o elemento se sobrepõe a si mesmo, não envolvendo o deslocamento do eixo.
- **Translação**: movimento do elemento em uma trajetória qualquer, seja curva, reta ou diagonal.
- **Rotação**: o giro em torno do próprio eixo.
- **Reflexão especular**: rebatimento ou projeção em torno do próprio eixo do elemento, provocando um movimento contínuo no tempo.
- **Dilatação**: um elemento é expandido.

Figura 3.1 – **Simetrias da forma**

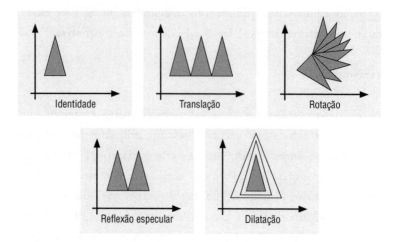

Pense que as imagens não são somente trabalhadas em relação aos eixos vertical e horizontal, mas em relação à profundidade também. Assim, quando um elemento, independentemente de sua forma, empreende uma determinada trajetória em direção a qualquer eixo, toda a relação entre as partes se modifica, alterando, pois, a composição visual como um todo.

A criação de deslocamentos acarreta a modificação de imagens distintas, conforme a intenção do criador. Um bom exemplo para visualizarmos isso são os tradicionais *origamis* japoneses, uma forma que pode ser modificada facilmente, de acordo com o movimento realizado, sem perder sua simetria. Por meio do rebatimento e da projeção, rotação ou ampliação, criamos novas imagens e composições e, consequentemente, outras mensagens para o público-alvo.

Experimente!

Sugerimos que você experimente criar um cartaz com uma forma básica similar à da Figura 3.1 para um cliente fictício. Qual seria o conceito de criação de tal mensagem? Como poderíamos fazer uso das regras de simetria para criar trajetórias e significados nesse cartaz? De que modos a composição da imagem, em relação à modificação da forma, afeta a mensagem a ser passada?

Um outro exemplo desse tipo de procedimento é o da artista plástica Lygia Clark e sua obra, parte integrante de um movimento artístico conhecido como *neoconcretismo*. Na década de 1950, os neoconcretistas e Clark romperam com os padrões de funcionalismo da arte para identificar arte e público, por meio do movimento constante, em uma relação que altera a ideia de que há um lugar específico para a criação e outro para a fruição. Em sua obra *Bichos* (Paraná, 2021), a artista propõe uma composição geométrica de formas que são alteradas pelo deslocamento de peças e pela ação do público, tornando a ideia de movimento mais evidente (Argan, 1992). Mais do que isso, a obra de Clark traz a perspectiva do movimento de uma composição visual cujo deslocamento no espaço altera a percepção de quem observa.

Também é possível alcançar essa transformação criando formas geométricas simples e as deslocando em determinado plano. Você pode, por exemplo, desenhar uma forma básica em uma folha de papel, como um círculo ou um triângulo. Experimente fazer o mesmo exercício da fotografia com as linhas dos terços e ver como é possível mudar a percepção da imagem, de acordo com a alteração de nossa captura e, consequentemente, do ponto de vista. A organização das formas básicas em módulos também altera a percepção e pode alterar a composição visual.

3.3 Organização de módulos em composições visuais

O que significa *ver*? Mais do que a capacidade física de perceber as imagens em relação à retina e ao sistema ocular como um todo, ver é compreender por meio de um sistema de percepções, cores e formas, além de sentimentos e emoções. Assim, tudo aquilo que vemos é baseado naquilo que somos e no contexto em que estamos inseridos. Segundo Arnheim (2000, p. 438), ver algo "implica em determinar um conjunto de relações no contexto de uma totalidade: localização, formato, orientação, disposição, tamanho, cor, luminosidade etc.". Assim, ao compormos algo, precisamos considerar, além das características de cada elemento, o que se modifica quando todas essas formas são postas em contato. É necessário entender, primeiramente, que pôr elementos em contato não significa, necessariamente, que eles estarão em uma relação harmônica, pois pode haver conflitos, desequilíbrios e confrontos de formas e cores que possibilitam sentidos distintos de acordo com a intenção de quem cria.

Dessa maneira, quando aplicamos regras de composição, como a regra dos terços, é necessário analisarmos quais as relações estabelecidas entre os elementos. Se observarmos a Figura 3.1, por exemplo, podemos verificar, na translação, que a composição está equilibrada. Se procedermos o deslocamento de cada um dos triângulos em qualquer trajetória, isso provocará uma trajetória com orientação diagonal, o que sugere um movimento de atração em relação ao canto superior direito. Logo, a tendência ao desequilíbrio provoca instabilidade na composição, ressignificando a relação entre os elementos e criando atrações ou afastamentos, à medida que se modificam em suas trajetórias.

As composições visuais podem ser também criadas por meio de estruturas. O que isso quer dizer? Trata-se de empregar formas básicas semelhantes, que, uma vez unidas, formam módulos. A utilidade das estruturas está na facilidade de construir uma composição apenas no uso de formas básicas, que são acumuladas em critérios diversos de simetria, visando criar um efeito harmônico.

3.3.1 Segmentação áurea e modular

Modular é uma palavra que significa unidade de medida, mas também é um sistema que cria proporções no espaço com base em formas geométricas unitárias, seja na natureza, seja em composições. Historicamente, as métricas são relacionadas ao corpo humano e utilizadas de forma a construir identificações universais. Desde os templos indianos até as catedrais cristãs, passando pelos estudos de Leonardo da Vinci, as proporções do corpo humano determinaram os pilares das civilizações, como escolas, indústrias, pontes, estradas e igrejas. Nesse cenário, os instrumentos de medida eram, então, a polegada, o pé, o braço, e o palmo humanos. Na história das trocas humanas, que se iniciaram com os escambos e as primeiras representações de moedas e de sistemas monetários, a economia baseou-se em símbolos, sejam materiais, sejam imateriais.

As medidas se tornaram, assim, a linguagem comum que fundamenta nossa existência nas trocas cotidianas e nos parâmetros que estabelecemos uns com os outros. Elas também são pontos de referência para as culturas em que se desenvolvem, fomentando modos de apropriação do espaço baseados na experiência humana. Pense, por exemplo, na primeira troca de alimentos realizada entre dois sujeitos. Como medir a quantidade a ser intermediada entre as partes? Como garantir que um ou outro não seria prejudicado na operação? A arte apropria-se desses parâmetros para estabelecer critérios de proporção e simetria. Assim, as primeiras composições visuais tiveram como medida a proporção identificada do ponto de vista do homem. Um bom exemplo dessa ideia é a proporção criada pelo artista e inventor italiano Leonardo da Vinci. Por ora, atentemos para a necessidade de criar padrões que determinam a estrutura das formas visuais, suas medidas e as relações estabelecidas entre elas.

Observe, por exemplo, a Figura 3.2, a seguir. Nesta, a imagem de um corpo humano é distribuída igualmente em uma forma circular, indicando a proporção exata do corpo e das dimensões humanas, por meio das quais a percepção da arte é construída.

na criação imagética para que olhos e mãos possam compor em harmonia com a percepção humana.

Assim como Phideas, Fibonacci e Da Vinci e, posteriormente, o arquiteto franco-suíço Charles-Édouard Jeanneret-Gris, conhecido como *Le Corbusier*, pensaram nas relações entre os elementos visuais para organizar proporções em suas obras. O módulo, por exemplo, foi um sistema de proporções elaborado e largamente empregado pelo arquiteto, desejoso de utilizar outro sistema além do métrico. Assim, Le Corbusier criou proporções referentes ao corpo humano baseando-se em um indivíduo imaginário, com altura de cerca de 1,75 m.

Se pensarmos na forma como se configuram muitos dos programas de *design* gráfico que utilizamos hoje, veremos o diálogo entre as estruturas geométricas, com os vetores e ângulos que determinam nossos projetos, e a harmonia das formas visuais.

Segundo Arnheim (2000, p. 10), ao observar as atrações e repulsões dos padrões visuais, o sujeito deve partir "da realidade das coisas fisicamente existentes". Dessa maneira, para conseguir alcançar o equilíbrio de uma composição visual, o observador defronta-se com direções, linhas de força, atrações e demais fatores que interagem para criar um efeito na imagem como um todo. Em cada linha, o dinamismo das formas visuais será determinado pelas forças que agem sobre elas, incluindo a percepção do sujeito observador. Ainda considerando as propostas de Arnheim (2000, p. 20), percebemos que

Em qualquer obra de arte em particular, os fatores que acabamos de enumerar podem se apoiar ou se opor para criar o equilíbrio do todo. O peso conseguido através da cor pode ser contrabalançado pelo peso através da localização.

A direção da forma pode ser equilibrada pelo movimento em direção a um centro de atração.

A complexidade das relações estabelecidas entre os elementos associados enriquece, em grande escala, a composição visual, que será mais vívida, conforme seja permeada de movimentos, atrações e repulsões, equilíbrios e tensões estabelecidas por quem cria e por quem observa.

> Ao falarmos de harmonia e equilíbrio, devemos ter e mente a perspectiva do cliente, ou seja, a demanda para a criação do produto é o foco principal.

Pensemos em uma experiência: um observador que adentra em um espaço ou analisa uma obra de arte tende a colocar-se no centro desse lugar, de modo que consiga abarcar todas as características dele. Ocorre que cada observador tem seu ponto de vista vinculado a condições culturais, físicas e psicológicas que não podem ser desconsideradas. Seria, então, impossível estabelecer um padrão para a composição visual, dada a diversidade dos sujeitos?

Para autores como Fibonacci e Le Corbusier, o segredo para a criação de padrões não está em focar em um único sujeito, mas compreender as relações entre as formas orgânicas, incluindo a forma humana. Com essa defesa de relações e proporções fundamentais que unificam a diversidade dos sujeitos, estabeleceu-se a famosa sequência de Fibonacci e, posteriormente, o sistema modular.

Ao criar sua sequência, Fibonacci pretendia, mais do que apenas fundamentar uma fórmula matemática, criar uma proporção que identificasse e organizasse a vida e os elementos da natureza. Por meio das relações da sequência, o matemático constituiu uma espiral dividida em setores, formada pelas relações entre os números que se tornaram formas geométricas (Figura 3.3).

Figura 3.3 – **Espiral de Fibonacci**

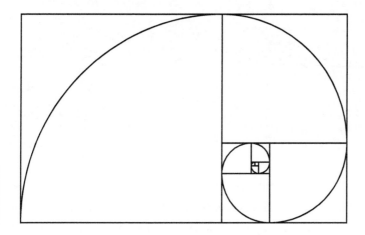

Se observarmos com atenção, veremos as proporções representadas pelas áreas dos quadriláteros. Você pode se perguntar "como essa espiral pode ajudar na criação de projetos visuais?". Vale lembrar que a espiral de Fibonacci, assim como a regra de ouro, estabelece proporções. Portanto, sua utilização é destinada a organizar a composição visual, de modo que se estabeleça um equilíbrio entre os elementos, uma estratégia fundamental tanto para a fotografia quanto para o *design*. Vamos analisar novamente a espiral, agora com um exemplo prático? Observe a Figura 3.4, a seguir.

Figura 3.4 – **Fibonacci na natureza**

Perceba a distribuição dos elementos na composição por meio das áreas delimitadas pela espiral. A distribuição harmoniosa segue a espiral de Fibonacci, equilibrando a imagem, o que muito provavelmente foi a intenção do fotógrafo.

Você consegue perceber o uso da espiral de Fibonacci em alguma imagem conhecida? Olhe à sua volta e identifique elementos que possam conter a espiral.

O método de Le Corbusier

Com base na sequência de Fibonacci, o arquiteto franco-suíço Le Corbusier criou um sistema que denominou *modular*, no período Pós-Segunda Guerra Mundial. Sua ideia era criar soluções para abrigar pessoas em países que sofriam com falta de moradia. Assim, nasceu o **modulor**, resultado da busca por uma referência em um sistema métrico decimal, com base em um indivíduo imaginário, de modo a universalizar a construção de grandes blocos de edifícios em uma Europa devastada pela guerra. O sistema dialogava com a proporção divina do *Homem Vitruviano*, de Da Vinci, preocupando-se menos com a proposição de soluções técnicas ou com o equilíbrio das formas.

De fato, a proposta de Corbusier consistia no que ele chamou de *dialética da forma*, ou seja, a busca por reunir a necessidade do uso no mundo moderno com a visão abstrata de um modo de vida que sensibilizasse o humano, atingindo o intelecto. Apoiado pela perspectiva de construir casas, ruas, móveis e demais utensílios cotidianos em um contexto histórico de carência de materiais, ele pretendia investigar a fundo a construção de objetos e formas leves e duráveis, que dialogassem com as pessoas, trouxessem o bem-estar e fossem fáceis de construir e manipular. Não é difícil imaginar que as necessidades práticas dialogavam em larga escala com o imaginário do início do século XX, permeado de expansões intelectuais e estéticas como as vanguardas artísticas. Nesse mundo, forma, função e, no contexto Pós-Segunda Guerra, necessidade dialogavam constantemente.

A essa altura você já deve ter percebido que o humano é a medida de todas as composições e o norte para o qual devemos direcionar nossas forças. Afinal, apenas uma parte do nosso trabalho está em nossas mãos. A outra, igualmente relevante, está na percepção do espectador.

Um excelente exercício para pensarmos na relação entre forma e função no trabalho do *designer* é observar os objetos e imagens que temos à nossa volta. Já pensou que se não tivéssemos os materiais adequados para construí-los ou se tivéssemos utilizado outras fontes e outras cores, de modo a alterar suas formas, alteraríamos o equilíbrio de toda a composição? Como essa modificação afetaria nossa vida?

3.4 Arte e sensibilidade no *design*

Em toda composição visual associada ao *design*, a forma e a função unem-se em prol de um resultado final, que será a combinação de estudos que interligam cada um dos elementos visuais, como linha, ponto e formas geométricas, organizados de acordo com técnicas e harmonizados conforme regras de composição clássicas.

De modo geral, ao analisarmos os estudos de Da Vinci, Fibonacci e, posteriormente, Le Corbusier, verificamos, em suas técnicas, a preocupação com pensar soluções para o mundo em que viviam. De um lado, a Itália renascentista de Da Vinci observava um crescimento do fluxo de pessoas e mercadorias nos portos das cidades, gerando transformações de costumes. Por outro lado, no período Pós-Segunda Guerra, a morte de pessoas e a destruição em massa de cidades tornaram impositiva a ação de profissionais, como Le Corbusier, responsáveis por criarem soluções em um mundo que se modernizava entre horror e êxtase.

Há, dessa forma, sempre uma necessidade de pensar no mundo, associando técnica e sensibilidade, forma e função, sem perder de vista as demandas do tempo em que se vive. Esse é o papel do *designer*.

Se, ao entrarmos em uma reunião com um cliente, temos em mente, de modo prévio, que alguma técnica será suficiente para atender às suas demandas, sem que cheguemos a ouvi-lo, não poderemos ser considerados *designers*, posto que seremos apenas executores de técnicas, sem as associar ao fator humano, cujo modo de vida pressupõe (ou deveria pressupor) a unidade ou a reunião de técnicas, ideias e sensibilidades.

Assim, se retomamos as proposições de Arnheim (2000, p. 304), observamos que

Somente um equilíbrio delicado das inúmeras forças que se encontram em ângulos inúmeros pode proporcionar uma aparência de unidade. Talvez este seja o único tipo de ordem possível ao homem moderno em suas relações sociais e no trato com os poderes contraditórios de sua mente.

Nossa tarefa, como *designers*, será observar o mundo à nossa volta, decompô-lo em elementos visuais básicos, distinguir cores e formas, compreender a organização de cada composição e identificar as regras que as estruturam. Mais do que isso, observar a perspectiva de cada imagem e reconhecer que, quando as observarmos, estamos localizados sob um determinado ponto de vista, que determinará nossos gestos e nossas visões.

Contudo, mais importante do que apenas observarmos e apreendermos o uso da técnica, será, em última instância, desenvolvermos a sensibilidade de nos identificar como sujeitos inseridos em um espaço social com necessidades e funções, que tentaremos abarcar com fluxos de informações e pessoas, consumo e fruição estética e que nos chegarão como demandas de nossos clientes e que deverão ter como meta uma existência comum mais harmônica e igualitária.

Capítulo 4

OBJETIVOS DE CRIAÇÃO DE UMA IDENTIDADE VISUAL DE MARCA

4.1 Fundamentos da identidade visual

Nos capítulos anteriores, exploramos o universo da construção da identidade de uma marca por meio do desenvolvimento da identidade visual. Nesse sentido, trabalhamos conceitos das artes visuais, das artes gráficas e do *design*. Logo, constatamos alguns aspectos da construção da identidade visual com base no entrelaçamento de diferentes disciplinas, que podem abarcar, ainda, questões do universo da administração e da gestão de empresas, o que será feito nos próximos capítulos.

Com base nos elementos constitutivos da identidade visual, ou seja, nas tipografias, nas formas, nas cores, nos símbolos e nos aspectos gerais da composição visual, é possível perceber que conceber a identidade visual não é uma tarefa fácil, uma vez que isso envolve um olhar abrangente acerca do produto e da empresa. Portanto, não podemos dissociar esses elementos na criação daquilo que será o primeiro impacto da marca no consumidor.

Considerando todas as relações, devemos olhar para exemplos consolidados, ou seja, os *cases* de sucesso, para nossos concorrentes e, principalmente, para a equipe que constitui o negócio – isto é, a equipe em geral, e não só as pessoas envolvidas no *branding* e no *marketing*.

Como assinalamos no primeiro capítulo, é preciso analisar não só a qualidade da identidade visual que criamos, mas também os objetivos que queremos alcançar. Isso não tem a ver somente com ser bonito e prático; isso se relaciona às ideias que queremos gerar, aos conceitos por trás e aos posicionamentos. Somente assim uma marca se destaca diante da constelação de concorrentes que encontra no mercado.

À medida que a concorrência cria opções infinitas, as empresas procuram maneiras de se conectar emocionalmente com os clientes, tornar-se insubstituíveis e criar relacionamentos para a vida toda. Uma marca forte destaca-se em um mercado densamente lotado. As pessoas se apaixonam pelas marcas, confiam nelas e acreditam em sua superioridade. A forma como uma marca é percebida afeta seu sucesso, independentemente de ser uma *start-up*, uma organização sem fins lucrativos ou um produto. (Wheeler, 2013, p. 2, tradução nossa)

Como a autora explica perfeitamente na citação anterior (Wheeler, 2013), a construção da identidade visual de uma marca deve ter como objetivo principal criar uma relação emotiva com o consumidor. E como fazemos isso? Definindo muito bem nossos parâmetros, organizando a equipe, fazendo pesquisas e, principalmente, sendo coerentes.

Afinal, qualquer projeto de identidade visual deve envolver informações provenientes de diferentes atividades profissionais, ou seja, deve incluir todo o universo da marca, que pode incluir desde artigos de papelaria e uniformes, até o *design* de plataformas para *web*. Em algumas empresas, inclusive, a definição da identidade visual é tão completa que podemos vê-la perfeitamente nas instalações, nos elementos arquitetônicos e no próprio ambiente de trabalho. E isso só é possível graças a pesquisas externas e internas, que auxiliam na definição das cores, dos tipos e do conceito em geral. A identidade visual e a de imagem se consolidam na congruência de muitos fatores.

4.2 Matriz de identidade de marca

Olhe ao seu redor. Quantas marcas existem no ambiente em que você está? Ao adquirir esses objetos, você pôde escolher as marcas deles? Se sim, por quê? O sistema capitalista funciona por meio da ilusão do livre consumo. Trata-se de uma ilusão, e não precisamos ir tão longe para perceber que as liberdades são cerceadas pela quantidade de recursos que possuímos, ou seja, temos acesso a diferentes produtos e marcas, mas muitas vezes não temos condições para comprá-los.

Não é à toa que muitas marcas desenvolveram uma matriz de identidade de marca totalmente voltada para o caráter de exclusividade, de inacessibilidade. Podemos observar isso em todos os universos, desde as grifes de luxo da moda até as marcas de computadores e celulares. Nesse sentido, é necessário criar uma conexão entre a identidade visual e o discurso do negócio, que implica a representação perante o consumidor.

É claro que as ideias relacionadas ao processo criativo e as etapas do desenvolvimento da identidade visual estão conectadas ao tamanho e à natureza da empresa. Essas questões também se relacionam com os processos empresariais corriqueiros, que envolvem desde o reposicionamento da marca e o lançamento de novos produtos até a absorção de uma empresa por outra. Em um universo de milhões de marcas registradas, o que torna uma melhor do que a outra? "Quais são as características essenciais das melhores identidades? Como definimos as melhores identidades? Esses ideais não se referem a uma certa estética. Excelência em *design* é um dado adquirido" (Wheeler, 2013, p. 28, tradução nossa). Podemos dizer, então, que é impossível falar sobre identidade visual sem pensar nas questões de identidade de marca. Logo, é preciso sempre ter em mente os elementos organizados no que chamamos de *matriz de identidade de marca*, como indicamos no Capítulo 1 deste livro.

Para Wheeler (2013), existem fatores que, quando reunidos, caracterizam a junção da inteligência de negócio com a criatividade e resultam na matriz de identidade de marca. São eles: visão, significado, flexibilidade, autenticidade, diferenciação, sustentabilidade, coerência, flexibilidade, comprometimento e valor.

No Capítulo 1, abordamos algumas questões relacionadas aos fatores *visão, significado, sustentabilidade, autenticidade* e *comprometimento*. Agora, discutiremos a flexibilidade, a coerência, a diferenciação e o valor. Esses elementos nos levarão às discussões deste capítulo e dos seguintes e estão, por sua vez, mais relacionadas ao negócio em si e ao mercado de trabalho.

Se até o Capítulo 3 conhecemos mais os aspectos do pensamento artístico (símbolos, cores, formas, linhas etc.), a partir daqui, entramos em teorias e processos de produção voltados para o mercado. Porém, não é preciso voltar ao Capítulo 1 para revisar os fatores apresentados anteriormente, pois o Quadro 4.1 apresenta um resumo de cada um deles.

Quadro 4.1 – Elementos da matriz de identidade da marca

Visão
Esse elemento é uma via de mão dupla, pois se refere àquilo que consideramos o DNA da marca, ou seja, relaciona-se à possibilidade de criar elementos que viabilizam a formação de um imaginário sobre ela. Esse fator é essencial para garantir clientes e deve ser o cerne dos processos de concretização da identidade da marca e da identidade visual, estabelecendo relações pragmáticas com o público e os colaboradores. Isso nos leva à segunda mão da via: é preciso espelhar esse imaginário da marca no campo daqueles que trabalham para ela. Para Wheeler (2013, p. 29, tradução nossa), "a visão convincente de um líder eficaz, articulado e apaixonado é a base e a inspiração para as melhores marcas". É com base nessa liderança que se deve declarar a visão que se espera da empresa no futuro. Você conhece a visão de alguma marca? Recomendo que escolha sua preferida e busque essa informação para verificar se ela foi materializada adequadamente. De todo modo, vale pensar que as visões de marca são ambiciosas e têm como dever inspirar, levando em consideração os produtos e serviços oferecidos. Logo, devemos pensar no que se espera para o futuro em períodos de curto, médio e longo prazos; quais são os pontos exclusivos da marca; e, por último, qual é seu cliente ideal. Todos esses aspectos bem alinhados são fundamentais para atingir o melhor resultado e, assim, construir uma visão sustentável das relações internas e externas. É claro que a visão deve, ainda, nortear a atuação da empresa e da marca, de modo a atingir os aspectos esperados.

(continua)

(Quadro 4.1 – continuação)

Sustentabilidade ou longevidade

Esses termos, o que é também assinalado também por Wheeler (2013), podem causar confusão nos dias de hoje, pois, há alguns anos, a sustentabilidade no universo do capital e do *marketing* ganhou outro sentido. Antes, quando falávamos do aspecto de sustentabilidade de uma marca, referíamo-nos à longevidade de sua presença no mercado, ou seja, o tempo de atuação da empresa, que permite consolidar um imaginário coletivo e, assim, estabelecer sua imagem.

Como dissemos no Capítulo 1, a publicidade e o mercado brasileiro estão cheios de exemplos: o primeiro sutiã, o barbeador portátil, a marca de margarina ou farinha de nossos avós, o sorvete preferido etc.

No entanto, atualmente, o termo *sustentabilidade* tem outra conotação. Refere-se a ações e políticas que visam à preservação do meio ambiente, o que não o impede de ser um elemento constitutivo da identidade de uma marca. O mercado mundial também está cheio de bons exemplos: marcas com logística reversa que utilizam matéria-prima proveniente de reciclagem ou de cooperativas, empresas com políticas internas de valorização do trabalhador, organizações que apresentam selos de matérias-primas orgânicas ou que não realizam testes em animais etc.

Nesses casos, a sustentabilidade pode contribuir para a longevidade da identidade da marca, pois é capaz de provocar profundas mudanças nas relações entre os consumidores e outras marcas e, consequentemente, no mercado em geral.

Todavia, em relação à longevidade da marca, isso não só é determinado por sua identidade visual, mas também pelas atividades internas e externas que realiza, de modo a gerar valor positivo para suas ações e, assim, fidelizar clientes ao longo do tempo. Além disso, marcas longevas têm como característica a inovação (de atendimento, de materiais, de desenvolvimento de produto etc.), tanto que algumas empresas, principalmente as de tecnologia, dispõem de um setor exclusivo para inovação de produtos e serviços.

A "sustentabilidade é a capacidade de longevidade em um mundo em constante fluxo, caracterizado por permutações futuras que ninguém pode prever" (Wheeler, 2013, p. 29, tradução nossa). Daí a importância de inovação constante.

(Quadro 4.1 – continuação)

Autenticidade

Uma identidade de marca bem construída exibe as intenções da empresa espelhadas nas ações dos clientes, ou seja, na forma como interagem, utilizam e engajam com os produtos ou serviços da marca. Quando falamos de engajamento, estamos considerando o mundo atual, que pressupõe uma presença da marca em múltiplos canais de comunicação. Nesse sentido, a interação com os consumidores e potenciais clientes – especialmente no mundo virtual – é determinante para a consolidação de uma identidade de marca. A autenticidade, desse modo, além de estar associada à originalidade e ao diferencial dos produtos e serviços, também se relaciona com o quanto uma marca pode ser real, ou seja, em um contexto de compras por internet, a autenticidade é um dos fatores determinantes para a tomada de decisão do possível cliente.

Logo, devemos explorar os elementos de autenticidade na linguagem e na identidade visual, que, por sua vez, ressoam nas redes sociais, em que o principal tipo de engajamento se relaciona à identificação e à personalização.

Como resultado, estabelecemos vínculos de proximidade com potenciais clientes, identificando suas necessidades e moldando o discurso e a mensagem a fim de denotar autenticidade. Não é à toa que todas as redes sociais dispõem de ferramentas de fragmentação de mensagem, pois tais recursos ajudam a atingir um cliente cuja necessidade foi identificada.

No próximo capítulo, discutiremos com mais profundidade a personalização e a fragmentação das mensagens, com base no que é conhecido no *marketing* como *personas*, isto é, personagens hipotéticos que representam aquele que a marca considera o consumidor ideal.

Essas *personas* são criadas por meio de pesquisas e métricas de engajamento, resultando em um cliente ideal, com nome, idade, classe social, grau escolar, interesses etc. Essas são informações detalhadas que ajudam, ainda que de maneira hipotética, a compreender como o cliente da marca pensa[1].

---

1 O documentário *Privacidade Hackeada*, de 2019, dos diretores Karim Amer e Jehane Noujaim, é um bom exemplo de discussão sobre a capacidade das estratégias de *marketing* em fragmentar o consumidor e atingi-lo do jeito certo. Nele, vemos como o uso das redes sociais foi elementar para a eleição de Donald Trump, nos Estados Unidos, para a saída da Inglaterra da União Europeia e outros acontecimentos políticos que marcaram os últimos anos. Trata-se de um olhar crítico sobre o uso das redes e que pode nos ensinar muito.

(Quadro 4.1 – continuação)

Significado

No Capítulo 2, abordamos os componentes da identidade com base em uma visão semiótica, ou seja, com base na ciência que estuda os sinais, os símbolos e suas interpretações e que os considera elementos fundamentais para a geração de significado da marca, por meio de contextos histórico-sociais determinados. Esse tipo de reconhecimento pode ser definidor para a instituição do que chamamos de *significado* como elemento da matriz de identidade da marca. Para Wheeler (2013, p. 29, tradução nossa), "as melhores marcas representam algo – uma grande ideia, uma posição estratégica, um conjunto definido de valores, uma voz que se destaca", portanto, dependem não só dos elementos constitutivos de sua identidade visual (logotipo, tipografia, cores etc.), mas também da mensagem e da forma como o discurso chega ao consumidor. A partir desse ponto, podemos perceber que a matriz de identidade da marca não é constituída por elementos independentes, pois ela precisa que todos estejam em harmonia e sejam condizentes com a atuação comercial.

Comprometimento

Relembremos que o comprometimento perpassa até mesmo questões exteriores ao valor do produto ou do serviço oferecido. Nesse sentido, na condição de elemento fundamental da identidade de marca, o comprometimento é essencial para agregar valor aos símbolos gráficos que estão em seu cerne, ou seja, é essencial, por meio dessa identidade visual construída, criar associações de solidez e valorização dos ativos e da imagem da empresa. Como chamamos atenção, ao abordarmos a sustentabilidade e a autenticidade, atualmente há uma valorização da humanização da marca, isto é, a aproximação das ações da empresa aos valores humanos. Isso envolve muitos fatores, que vão desde as responsabilidades com a qualidade dos produtos e dos serviços e do tratamento dado aos clientes até a qualidade do tratamento com os funcionários no ambiente do negócio. Como representar o comprometimento na identidade visual? O *design* da identidade visual não trabalha sozinho, pois suas ações devem ser refletidas nas relações comerciais da empresa. Então, não adianta apresentar uma identidade visual moderna e minimalista se a empresa tem como imagem principal o tradicionalismo. Nesse caso, a organização teria de pensar em um processo de ressignificação da imagem da marca, o que inclui, como indicamos, ações internas e externas.

131

(Quadro 4.1 – continuação)

Comprometimento

Definimos a melhor identidade visual por meio da junção da inteligência do negócio com o discernimento do papel da marca, os aspectos da criatividade e, é claro, a "mão na massa". Com base nessa visão homogênea das atividades, no reconhecimento dos símbolos como provenientes de um determinado tipo de empresa, no envolvimento do negócio com a sociedade e em outros fatores, definimos o comprometimento da marca.
Portanto, fica claro como precisamos de ações conjuntas para definir a matriz de identidade da marca.

Flexibilidade

Consideramos a flexibilidade especialmente importante no momento da prática criativa do sistema de identidade visual, pois, como o próprio nome do elemento diz, é preciso pensar em uma identidade que possa ser versátil o suficiente para ser aplicada em diferentes suportes, técnicas, formas, materiais, objetos etc. Nesse sentido, é possível pensar em um esquema de adaptação do logotipo, da tipografia e da paleta de cores, por exemplo, ou seja, considerar a aplicação em diferentes fundos (claros ou escuros), bem como a espessura das linhas, das formas e dos pontos e a especificação da cor.
Como bem pontua Wheeler (2013, p. 29, tradução nossa), "uma identidade de marca eficaz posiciona uma empresa para mudanças e crescimento no futuro. Ela apoia uma estratégia de *marketing* em evolução". Essa afirmação revela algumas questões intrínsecas à evolução da marca, mostrando que não há problema nenhum em fazer um *rebranding* (repensar e mudar a identidade visual da marca), desde que este seja pensado com base em estratégias de *marketing*.
Uma busca rápida no Google pode revelar que muitas marcas famosas e bem consolidadas já realizaram a troca de sua identidade visual várias vezes ao longo da história. Isso é quase natural, pois, assim como no mundo da moda, no universo das marcas também existem tendências. Não é à toa que hoje vemos tantos logotipos minimalistas, pois se trata de uma tendência e combina bem com o universo digital.
Com relação à estratégia de repensar a marca, verificamos um bom exemplo recentemente, em 2020, quando uma famosa plataforma de *e-commerce* mudou seu logotipo, considerando o contexto da pandemia de Covid-19. Antes, o logotipo da empresa apresentava duas mãos cumprimentando-se, com a reformulação, o cumprimento é representado por dois cotovelos saudando-se. Assim, a marca não só chama atenção para as recomendações da Organização Mundial de Saúde (OMS) relacionadas à higiene, como realça seu compromisso com o público. Além disso, coloca-se como empresa preocupada com o contexto de pandemia, o que pode ajudar, inclusive, a favorecer a sua imagem perante o mercado.

(Quadro 4.1 – continuação)

Flexibilidade

Essa mudança de logotipo, apesar de parecer simples, é estratégica, pois utiliza os dois elementos básicos do desenho da identidade visual da e os rearranja, contextualizando as atividades da empresa. Dessa maneira, conseguimos pensar até mesmo em certa personalização, pois a ação acaba humanizando o logotipo.

A estratégia foi muito destacada por especialistas das áreas de *marketing* e *design* e acabou influenciando outras empresas a pensar na sua própria identidade visual no contexto de pandemia. Afinal, em tempos de internet, é impossível ficar indiferente, ainda mais com uma comunicação centrada no usuário.

Diferenciação

A que uma marca se destaca ou se diferencia em relação a tantas outras é praticamente um atestado de competência em gestão de marcas. Afinal, "as marcas sempre competem entre si em sua categoria de negócios e, em algum nível, competem com todas as marcas que desejam nossa atenção, nossa lealdade e nosso dinheiro" (Wheeler, 2013, p. 29, tradução nossa).

Assim, além de competir com as próprias concorrentes, as marcas também concorrem com todas as outras. Afinal, muitas vezes, o consumidor precisa fazer escolhas ímpares: "devo comprar uma geladeira nova ou trocar o colchão? Qual é a minha prioridade no momento?". Sem dúvidas, as marcas têm um papel fundamental nessa decisão, já que qualquer compra não está atrelada somente à necessidade, mas também ao desejo.

Logo, a diferenciação atua nas dimensões do afeto e do desejo, que podem determinar a decisão. Desse modo, esse elemento assegura a preferência de determinado produto na percepção dos consumidores. Como aponta Laís Simoni Alves (2018), muitas marcas têm apostado na inovação e no desenvolvimento tecnológico para aprimorar os produtos e deixá-los singulares, ou seja, diferentes em relação aos concorrentes. Algumas marcas, inclusive, ganham grande destaque em determinados campos, sendo consideradas parâmetros para aquele tipo de produto.

A marca de computadores da maçãzinha, por exemplo, investe desde sempre não só na inovação tecnológica de seus produtos, mas também na estratégia de *marketing* que tem por intuito colocá-la no rol das marcas de luxo. E como já dissemos, marcas de luxo são desejos instantâneos, pois são associadas à exclusividade e a uma ascensão social.

A diferenciação também pode contribuir para o processo de busca por identidade, mas não a identidade do consumidor, e sim da marca. Isso é especialmente importante para a confecção da identidade visual e da estratégia de *marketing*.

133

(Quadro 4.1 – continuação)

Diferenciação

A identidade da marca singulariza-a com relação às outras e, atualmente, mais do que nunca, não se deve copiar o que os concorrentes fazem, o que não quer dizer que isso deve ser ignorado. Umas das primeiras "regras" do *marketing* é justamente olhar para os concorrentes, pois isso pode servir de inspiração. Veja bem: inspiração, não cópia.

Logo, para chegarem a uma diferenciação, as empresas devem utilizar estratégias de *marketing* tradicional e digital, que, por sua vez, envolvem ferramentas muito singulares de fragmentação de clientes, de possíveis clientes e de mercado. Isso contribui, sem dúvidas, para o posicionamento e diferenciação da marca em relação às suas concorrentes.

"Por isso, o princípio da diferenciação de mensagens, conforme características específicas dos receptores, é essencial para a eficácia do processo de comunicação, o que poderá definir o sucesso ou fracasso da marca" (Garcia, 2016, p. 29).

Coerência

Todos os elementos deste quadro entrelaçam-se, a fim de formar a matriz de identidade de marca.

De modo a se alcançar coerência ou consistência, os objetivos, o discurso com relação ao mercado e o que a empresa oferece efetivamente para seus consumidores devem ser componentes interdependentes.

Nesse sentido, fica fácil pensar em como a falha de um desses componentes pode afetar a imagem da marca. Afinal, não adianta elaborar muito bem a marca no papel se, na prática, ela não reflete o planejado, especialmente em relação ao tratamento e ao contato com o cliente. Essas incoerências mostram por que, ao longo da história, algumas marcas se consolidam e ganham clientes fiéis, enquanto outras nem tanto. É claro que o fator *capital* também influencia nesse quesito, mas, neste momento, não vamos tratar disso.

Resumidamente, como aponta Wheeler (2013, p. 29, tradução nossa), a coerência é a segurança de que, "sempre que um cliente experimenta uma marca, ela deve ser familiar e ter o efeito desejado. A consistência não precisa ser rígida ou limitante [...]".

Para alcançar esses elementos, são necessários alguns componentes, como os apontados por Alves (2018, p. 23):

- **Voz unificada** com uma ideia central dinâmica, onde a empresa é clara quanto ao seu posicionamento e ao modo como quer ser percebida; [sic]
- **Uma única estratégia empresarial**, ao passo que as empresas se diversificam e entram em novas áreas de negócios [sic] a consistência acelera a consciência e a aceitação de novas iniciativas; [sic]

(Quadro 4.1 – conclusão)

Coerência

- **Todos os pontos de contato**, pois a coerência surge com o entendimento das necessidades e preferências do cliente e com o *design* de uma experiência de marca que produza a percepção desejada. Todos os pontos de contato são considerados experiências de marca.
- **Aparência e sentido**, um sistema de identidade de marca é unificado visual e estruturalmente. Depende de uma arquitetura de marca coesa e utiliza cores, famílias tipográficas e formatos de design especial.
- **Qualidade uniforme**, um alto nível de qualidade uniforme transmite o grau de atenção que é dado a cada produto ou serviço de uma empresa.
- **Clareza e simplicidade**, o uso unificado de uma linguagem clara para comunicar produtos e serviços ajuda o cliente a tomar decisões.

Logo, o que estamos chamando de *coerência* é a garantia de que todos os componentes estejam alinhados de maneira perfeita no trato e na experiência do consumidor em todas as vezes que entra em contato com a marca. Então, é necessário pensar também na relação entre colaborador e marca, pois a satisfação daquele contribui para a boa experiência do cliente. Trataremos dessa dinâmica de forma mais detalhada no Capítulo 5 deste livro. Assim, ficará fácil perceber como a identidade de marca é um ativo, pois é uma das ferramentas mais estratégicas de comunicação com os clientes e, principalmente, de atuação perante seus principais concorrentes.

Fonte: Elaborado com base em Alves, 2018; Garcia, 2016; Wheeler, 2013.

Esses elementos que constituem a matriz de identidade da marca são essenciais para a criação da identidade visual. Afinal, não podemos criar um projeto de identidade sem pensar nos aspectos específicos da marca. Em sua atuação profissional, você poderá se deparar com clientes que desejam determinada cor ou determinada tipografia somente por gosto pessoal. Nesse sentido, você deverá estar munido de justificativas para fazê-los entender que a identidade visual é mais do que mero gosto pessoal, é como a marca será vista. Portanto, todas as escolhas são determinantes para atingir o que se deseja: o público-alvo, o conceito etc.

O público é um fator determinante, e ele se relaciona com uma marca por meio de processos de identificação. Logo, na identidade visual, devemos transpor todas as associações que queremos manter na mente do consumidor. Essas associações são geradas no processo de *branding*, a ser abordado no Capítulo 5. Desse conceito, podemos extrair que as associações nada mais são do que promessas aos clientes, estabelecidas pela proposta de valor da marca, assim como as características e os benefícios emocionais associados a ela.

Na construção dessa promessa, não envolvemos somente o valor, mas também a história da marca, sua relação com o público, seus posicionamentos etc., ou seja, tudo aquilo que é atribuído à marca e é comunicado ao consumidor:

Para Kapferer (2003), a identidade da marca integra o conjunto de características que lhe são específicas, resultantes da sua história, valores, propriedades, aspecto físico e da relação que mantém com o público, ou, em resumo, dela fariam parte os aspectos tangíveis e intangíveis atribuídos pela empresa à sua marca e que procura comunicar ao consumidor. O autor agrupa a identidade como atributos definidos em seis dimensões, indicadas entre parênteses: qualidades objetivas (ambiente físico) e subjetivas (personalidade), as quais se desenvolvem em um contexto (cultura) que lhes dão substância e força na convivência com o público-alvo (relação) e são percebidas de forma particular pelo público-alvo (reflexo), gerando neles sentimentos internos específicos (mentalização). (Garcia, 2018, p. 24)

O universo das marcas e dos sistemas de identidade visual são bastante complexos. Afinal, vivemos sob a égide do sistema capitalista, que, por sua vez, é definido pela competição entre marcas, o que transforma todos os cidadãos, a todo momento, em potenciais consumidores. Isso é especialmente válido em um contexto em que temos a internet, que medeia, cada vez mais, tanto as relações humanas, quanto as mídias e as redes sociais. O ano de 2020, marcado por uma pandemia, contribuiu para estabelecer as marcas digitais como as mais fortes da atualidade. Os números da gigante Amazon, por exemplo, chegam a assustar. Segundo o jornal *Valor Econômico*, de 29 de outubro de 2020, a empresa triplicou o lucro do terceiro semestre, somando US$ 6,3 bilhões (Martin, 2020). Impressionante, não?

Diante disso, podemos perceber que uma boa gestão de marca vai considerar não só os aspectos da sua identidade, mas também as estratégias de *marketing*, que desempenham um papel importantíssimo na associação mental do cliente com ela, o que, sem dúvidas, resulta em fidelização. Além disso, podemos pensar que o *marketing* deve atuar em uma via de mão dupla, em que, de um lado, considera as estratégias de divulgação e promoção da marca e, de outro, compreende a percepção do consumidor em relação a ela. Existem várias ferramentas para isso: enquetes, pesquisas etc.

No mercado mundial, especialmente no brasileiro, existem muitas marcas familiares. Essas são as que, geralmente, esquecem que o produto deve agradar ao público, e não a elas mesmas. Por isso, a criação de uma matriz de identidade da marca é essencial para garantir a rigidez nos valores fundamentais, que, por sua vez, asseguram a associação, o gosto e o engajamento do consumidor.

Diante do exposto, é possível perceber que os profissionais de *design* definem parâmetros pela beleza estética, pelo gosto do cliente e, principalmente, pelas relações mercadológicas em que a marca está inserida. A título de exemplo, imagine uma marca de produtos naturais que quer se lançar no mercado com um logotipo na cor preta porque esta é a preferida do cliente. Essa escolha não apenas não combina com o tipo de produto, como não causa o impacto que deveria causar nos possíveis consumidores de produtos naturais. Logo, todos os fatores elementares que apresentamos anteriormente não devem ficar somente no campo da teoria, mas também devem materializar-se na prática.

A definição da identidade da marca precisará preponderar e gerar valor aos seus públicos. Para comunicar e desenvolver relacionamentos com sujeitos tão distintos, a empresa deve compreender seus estilos de vida e atuar de modo adequado à cultura de cada um, pois a interpretação de cada indivíduo à identidade comunicada é específica, devido à cultura, aos valores, às crenças, aos ideais e até mesmo às experiências diferentes [...].

De fato, a identidade é responsável por direcionar e dar um significado à marca, ao nortear as ações empresariais e financeiras, definir os objetivos mercadológicos e de comunicação e transmitir um sentido, um conceito. Com vistas a alcançar tais propósitos, ela deve ser: única e intransferível (não pode ser copiada); atemporal e constante (não ter limite de validade e ser constante ao longo do tempo); consistente e coerente (ter objetivos sólidos e prover correlação entre os elementos que a constituem); e objetiva e adaptável (ser direta e se adaptar ao público-alvo) (VÁSQUEZ, 2007). Para Vieira (2014), a identidade de uma marca será distintiva de outra quando responder às seguintes perguntas: O que faz a diferença, a sua permanência e sua homogeneidade?; E o que faz o seu valor, a sua verdade e o seu reconhecimento enquanto marca? (Garcia, 2016, p. 25)

Como podemos partir da teoria para a prática e aplicar esses elementos no sistema de identidade visual? Por meio de metodologias aplicadas, como as propostas por Wheeler (2008; 2013) e Maria Luísa Peón (2009), bem como as conhecidas como *Human Centered-Design*. Neste capítulo, a princípio, vamos conhecer algumas peculiaridades dos métodos de Wheeler e Peón, que são bastante ricos para pensarmos na gênese dos sistemas de identidade visual.

4.3 Pontos de contato

Os pontos de contato fazem parte da metodologia de Wheeler e, basicamente, são definidos pela relação estabelecida entre o produto e seu público-alvo, ou seja, são todos os locais em que esse contato ocorre. Com uma identidade visual bem construída, podemos apresentar a identidade da marca em cada um desses pontos, sejam físicos, digitais, abrangentes, personalizados etc.

Para Wheeler (2013), esses pontos de contato contribuem para a consolidação da marca e para que se alcance aquilo que se espera com os elementos da matriz de identidade: diferenciação, flexibilidade e coerência. Afinal, cada uma dessas interações entre cliente e marca é determinante para promover, fidelizar e aumentar o reconhecimento desta. Assim, Wheeler (2013) demonstra que esses pontos devem ser singulares e com linguagem única, de modo a causar a identificação da marca e garantir a transmissão de seu conceito.

[Os pontos de contato podem ser] *websites, newsletters*, formulários timbrados, sinalização, embalagens, exposições, propostas, *e-mails*, correios de voz, publicações, *web banners*, papel de correspondência, cartão de visitas, quadros de aviso, material efêmero, viaturas, serviços, produtos, empregados, palestras e apresentações, *networking*, telefone, boca a boca, mala-direta, feiras de negócios, relações públicas, assuntos públicos, *marketing* cívico, promoção de vendas, propaganda, meio ambiente e experiências. (Leite, 2013, p. 20)

Quando observamos os pontos de contato, percebemos que as estratégias de comunicação são visuais, verbais e, até mesmo, olfativas e sonoras. A ideia é trabalhar todos os sentidos do consumidor, sempre que houver oportunidade, é claro. Por exemplo, existem marcas que desenvolvem seus próprios perfumes e os utilizam em seus estabelecimentos físicos, nas caixas de encomendas etc. Algumas dessas lojas, inclusive, vendem seus "cheiros" exclusivos ou utilizam-nos como premiação ou brinde.

É claro que todas essas estratégias são construídas ao longo do tempo e evoluem de acordo com o apelo da marca. Contudo, de maneira geral, uma das primeiras coisas em que devemos pensar, ao elaborar a identidade visual, é que as escolhas devem manter-se atuais por um longo período. Isso não impede pequenas adaptações nos símbolos e na evolução da identidade da marca, como vimos no exemplo da empresa de *e-commerce* que mudou seu logotipo por querer adaptar-se ao contexto de pandemia.

Para finalizar, vale destacar a importância dos elementos apresentados neste capítulo, pois eles nos colocam diante de diversos caminhos e obstáculos que encontramos ao desenvolver um sistema de identidade visual.

4.4 Elementos da identidade visual

Quando paramos para pensar nas marcas que nos cercam, temos uma pequena noção do extenso trabalho que as fez chegarem até nossas casas e mentes. Nunca na história fomos tão bombardeados por elas quanto na atualidade. Isso é resultado de um instrumento poderoso, a internet, que as faz chegar a qualquer local do planeta.

Esse universo infinito de marcas e imagens de comunicação visual acaba causando uma poluição visual em nossas mentes. Então, como se destacar? Como *designers*, devemos analisar os conceitos e os padrões básicos, de modo a alinhá-los com um bom planejamento de comunicação. Com isso, conseguimos destacar determinada marca nesse universo mercadológico tão competitivo e, principalmente, tão diversificado.

Como resultado desse planejamento e dessa análise, temos o sistema de identidade visual, resultado de uma tarefa muito árdua: reunir todas as informações visuais sobre uma marca, com o intuito de padronizá-la e consolidá-la. Isso serve para os logotipos, as cores, as tipografias etc. e demanda que se considere a versatilidade de meios disponíveis na atualidade. A principal determinação da identidade visual é induzir preferências nos sujeitos, que, por sua vez, são cotidianamente expostos a uma comunicação visual intensa.

Assim, todo material de comunicação de uma marca, estabelecido pela identidade visual, deve ser pensado (e diagramado) com a intenção de atrair possíveis clientes – também chamados de *leads* – e fidelizar os clientes já existentes. Por isso, criar a identidade visual é uma tarefa quase exclusiva dos *designers* e dos *designers* de experiência

(UX *designers*) – estes pensam não apenas na maneira de comunicar, mas também na experiência do usuário.

Consideramos *marca* todo sinal ou símbolo que serve para identificar um produto ou um serviço e distingui-lo de outros similares. Isso inclui as figuras, as formas, os tipos etc. e determina normas e especificações técnicas. Portanto, a marca é, sem dúvidas, o cerne do sistema de identidade visual. Desse modo, esta também pode ser um nome ou símbolo que, ao longo de sua trajetória, adquire valores específicos. "A marca é a alma do negócio. É ela que faz a diferença entre o seu produto e o do seu concorrente. É com ela que o consumidor sonha e suspira" (Teixeira; Silva; Bona, 2007, p. 3).

Podemos dizer, então, que a identidade visual não só identifica, como singulariza um produto, um serviço ou uma marca. Por isso, alguns autores consideram que esta pode ser mais forte ou mais fraca, e isso também depende do desenvolvimento dos outros envolvidos. Afinal, ser uma marca forte significa ter reputação, reconhecimento e relacionamentos duradouros.

No contexto atual, ainda precisamos pensar que as relações de compra não contam mais exclusivamente com o sujeito intermediário, ou seja, a pessoa do balcão, o vendedor que indica o produto ao consumidor, pois, no universo digital, a compra se torna mais direta, eliminando o caráter de indicação, ou seja, o consumidor identifica-se diretamente com a marca e ele mesmo efetua a análise de compra. Logo, o reconhecimento da marca perde um aliado.

No entanto, a indicação do vendedor é, muitas vezes, substituída pelo que chamamos de *marketing* de influência, ou seja, a indicação feita por influenciadores digitais e produtores de conteúdo, que oferecem a experiência ao usuário, por meio do relato de uso do produto ou do serviço, de uma maneira mais personificada[2]. Vale a pena pesquisar sobre esse assunto, pois muitos desses *influencers* trabalham sua própria identidade visual ou o que chamamos de *branding pessoal*. Existem diferentes formas de apresentação de uma marca por meio dos componentes de sua identidade visual. Segundo Teixeira, Silva e Bona (2007), as marcas podem ser **nominativas**, que, no sentido amplo, são aquelas formadas por nomes, ou seja, que utilizam o alfabeto; **figurativas**, quando são representadas por desenhos, símbolos ou letras e números estilizados; ou, é claro, **mistas**, aquelas que combinam os elementos nominativos e figurativos. Por isso, existem marcas que são mais reconhecidas pelo próprio nome e outras que são mais reconhecidas pelo símbolo.

Um exercício interessante para conhecer a dinâmica de imersão de marca são os *quizzes* que encontramos em alguns jogos para *smartphone*. Eles permitem ter uma noção do poder de uma boa construção de identidade visual. Nesses jogos, o usuário deve visualizar um símbolo e descobrir o nome da marca. Logo, nota-se como muitas marcas conseguiram incorporar seus símbolos e tipos em nossas mentes e como conseguimos reconhecê-las mesmo que não sejamos consumidores ativos de seus produtos.

O mesmo aspecto pode ser notado no curta-metragem francês *Logorama*, de 2010, dos diretores François Alaux, Hervé de Crecy e Ludovic Houplain. Nessa animação, assistimos a um acontecimento em Los Angeles, sendo todos os personagens, objetos e lugares

---

2   O filme *Amor por contrato*, de 2009, do diretor Derrick Borte, previu um pouco desse mundo mediado por influenciadores mais diretos. Considerado uma sátira ao consumismo, o filme narra a história de uma família que trabalha para uma empresa de *marketing* direto e personalizado. Essa família, forjada contratualmente, se muda para um bairro de classe média alta com a intenção de criar desejos de consumo nas pessoas a seu redor, seja no trabalho, na escola e nos outros ambientes em que interagem.

formados por logotipos de diferentes marcas e empresas que existem no mundo real. Um dos protagonistas é, inclusive, um personagem de uma famosa marca de pneus.

Esse filme, vencedor do Oscar de melhor curta-metragem animado de 2010, demonstra como todos os aspectos de nossas vidas são mediados por marcas, conscientemente ou não, já que parte do apelo do curta reside justamente em fazer o espectador reconhecer as referências às marcas globais – mais de 2.500 ao longo dos 16 minutos de filme.

> A identidade visual distingue a marca em um contexto complexo e global. Hoje, a escolha de produtos e serviços é feita diretamente pelos consumidores, diferentemente de antigamente onde [sic] os tipos de produtos eram solicitados aos balconistas, que indicavam o mais adequado. Por isso, é fundamental que a marca hoje tenha elementos que a destaque e caracterize para que o consumidor a escolha diretamente. (Alves, 2018, p. 28)

Também é importante observar esse contexto global na logística de acesso. As compras digitais proporcionaram a experiência de comprar, de maneira facilitada, produtos de outros países, o que torna a competição por espaço ainda mais acirrada. Portanto, quando falamos de identidade visual, de matriz de identidade de marca etc., estamos abordando elementos essenciais da estratégia de comunicação de uma empresa, sendo, portanto, impossível separar os aspectos institucionais dos fatores de relacionamento com os clientes e potenciais consumidores.

Por conseguinte, produzir uma identidade visual é uma tarefa complexa, que necessita de planejamento e seriedade de todos os envolvidos e, é claro, demanda pesquisa, tempo e recursos, principalmente financeiros. Afinal, não devemos esperar como resultado somente um logotipo bonito, e sim um conceito de aplicação de todos os elementos que o constituem. Respeitar os conceitos corretos, os elementos institucionais e as relações que regem sua aplicação são os segredos de uma boa e valorizada identidade visual.

Foi pensando nesse assunto que muitos *designers* e pesquisadores da área desenvolveram suas próprias metodologias de criação de identidade visual. Peón (2009), por exemplo, divide os elementos da identidade visual entre primários, secundários e acessórios.

Ela considera como elementos primários os que são essenciais, ou seja, o logotipo, o símbolo e a assinatura visual. Estabelecer um elemento desse tipo é uma tarefa complexa, pois exige que um conceito seja pensado em um só item. Além disso, é interessante que tal elemento possa ser facilmente transportado para diferentes suportes, materiais, fundos, impressões, tipos de tela etc. Deve-se perceber que esse elemento pode ser usado sem a presença dos outros e ainda assim será compreendido. É o caso, por exemplo, de marcas famosas de tênis e materiais esportivos que transformaram seus símbolos em elementos primários que podem ser impressos em diversas cores e tamanhos e ainda assim permanecerem facilmente reconhecíveis.

Logo, os elementos secundários são aqueles que não serão tão repetidos, por exemplo, as cores e as tipografias institucionais. Por isso, é interessante pensar em diversas aplicações de cores e tipos para os logos e até mesmo em uma paleta de cores que envolva, no mínimo, o preto e branco.

Por fim, os elementos acessórios são, como aponta Alves (2018, p. 28),

os elementos que geralmente estão ligados ao tipo de sistema (extenso, completo ou restrito), dependem da necessidade de variedade de aplicações e capacidade de investimentos. De modo geral variam dos elementos primários e secundários; são eles os grafismos, as normas para layouts, logotipos acessórios e mascotes ou personagens.

Os personagens têm-se tornado elementos importantes no universo digital. No Brasil, temos exemplos bastantes interessantes de personagens construídos como vozes das marcas. Por exemplo, a Nat Natura, a Lu, o baianinho, a andorinha e vários outros que agem como "seres reais". Vale ressaltar que estes não são as *personas*, pois falam pela marca e não representam o cliente ideal. Poderíamos dizer que eles se assemelham mais ao balconista, ao vendedor.

Além disso, muitas marcas trabalham os personagens com base no desenho do logotipo. A andorinha, da marca de azeite, é um bom exemplo. O logotipo da marca é uma andorinha voando de maneira estilizada e transformou-se em um desenho "fofinho", que fornece receitas aos consumidores nas redes sociais. Perceba o alcance que um logotipo pode ter.

Resumidamente, em relação a esses aspectos da metodologia, Peón (2009) fornece-nos uma informação valiosa: criar uma identidade visual também diz respeito a pensar na hierarquia dos elementos, chamando atenção para o que é verdadeiramente fundamental.

Já no método apresentado por Wheeler (2013), a identidade visual é construída com base em símbolos de diferentes categorias. Nesse sentido, existe uma hierarquia de funções, como aponta Peón (2009): as categorias são estruturadas em criação do logotipo (que pode ser o nome da marca), do símbolo (que pode ser nominativo, figurativo ou misto) e de um decodificador (que geralmente é o *slogan* da marca). Essas categorias reunidas compõem o que podemos chamar de *assinatura visual*.

O logotipo ou o símbolo podem ser, então, considerados elementos primários, já que seus usos são definidos pela repetição. Por isso, algumas empresas até apagam seus logotipos da assinatura visual, porque o símbolo por si só já garante o reconhecimento. Pense na empresa de tecnologia das maçãzinhas. Seus produtos levam somente o símbolo da "maçã mordida", já que sua popularização permite a rápida identificação, o reconhecimento da marca e tudo mais que ela agrega de valor.

Wheeler (2013), inclusive, aponta que o principal trabalho do *designer* é justamente conseguir integrar o símbolo a, especialmente, dois elementos da matriz de identidade da marca: o conceito ou significado e a diferenciação. Nesse sentido, é sempre indicado estudar, também, teoria das cores e análises de percepção e cognição visual, pois constituem informações valiosas para o reconhecimento e a memorização do símbolo que será desenvolvido como elemento primário da identidade visual.

Segundo a autora, vale entender os processos de percepção visual, pois a primeira percepção se dá pela forma, ou seja, o cérebro memoriza e reconhece primeiro o símbolo da marca. Em seguida, reconhece-se a cor, que, geralmente, pode desencadear um tipo de emoção. Esse segundo elemento chega a ser tão importante no reconhecimento da marca que algumas empresas registram as cores institucionais da empresa. Em um terceiro momento, o cérebro reconhece o conteúdo, já que este demanda mais tempo de cognição.

Podemos perceber que tanto para Peón (2009) quanto para Wheeler (2013) existe uma hierarquia de elementos que causam o reconhecimento da marca. Não é à toa que a identidade visual é formada por tantos componentes, como as cores, os símbolos e os tipos. Além disso, também devemos pensar no arranjo desses elementos, ou seja, na composição e na hierarquia de apresentação: "... o básico da aparência e sentido seria o design, paleta de cores, imagens, tipografia e a parte sensorial" (Alves, 2018, p. 31).

Assim como Alves (2018), acreditamos que Peón (2009) vai um pouco além em relação aos elementos, pois aprofunda a categorização dos elementos primários, secundários e acessórios, com definições bem delineadas, por exemplo:

Símbolo: também chamado de signo e, muitas vezes, de marca. Tem seu registro feito junto ao INPI (Instituto Nacional de Propriedade Industrial), que o denomina como marca figurativa. Conforme a lei, letras e números também podem configurar marcas figurativas, uma vez que desenhadas com características próprias que as diferencie claramente do registro usual. A maior característica do símbolo é sua capacidade de síntese, devendo ser rapidamente identificado e associado à instituição. Deste modo, não deve possuir muitos elementos e de certa forma deve possuir associação clara aos conceitos que o SIV deseja agregar à imagem corporativa (PEÓN, 2009).

Logotipo: deve ser composto por letras e legalmente são chamados de marcas nominativas. Um logotipo sem legibilidade deixa de ser um logotipo e passa a ser algo mais assemelhado a um símbolo, mas não funcionando como um, sem a síntese necessária para ser memorizado rapidamente (PEÓN, 2009).

Cores institucionais: devido à sua pregnância, as cores institucionais são essenciais para a eficiência do sistema. São formadas pela combinação de determinadas cores, sempre aplicadas nos mesmos tons; quanto maior o número de cores, mais cara sua implementação e manutenção do sistema. Por isso, de modo geral, são definidas duas ou três cores institucionais, que costumam ser derivadas dos elementos primários (PEÓN, 2009). "A cor é utilizada para evocar emoção e expressar personalidades. Ela estimula a associação de marca e acelera a diferenciação" (WHEELER, 2012, p. 142).

Alfabeto institucional: serve para normatizar os textos incluídos nas aplicações do sistema, sendo composto por uma família tipográfica e suas variações de pesos, como itálico e negrito (PEÓN, 2009). Wheeler (2012) considera a tipografia essencial para que o programa de identidade visual funcione. "A tipografia deve dar apoio à estratégia de posicionamento e à hierarquia de informação" (WHEELER, 2012, p. 142).

Grafismos: são elementos gráficos geralmente abstratos e têm a função de enfatizar conceitos ou servir como apoio na organização de layouts, aliando a um componente estético a função de veicular a identidade visual (PEÓN, 2009).

Personagens: eles incorporam os atributos e valores da marca, são comumente apresentados como elemento central em campanhas publicitárias. Entretanto, os personagens dificilmente permanecem atualizados, sendo assim necessário seu redesenho e adaptação à cultura contemporânea (WHEELER, 2012). (Alves, 2018, p. 30-31)

Neste capítulo, conhecemos um pouco mais acerca das características que estabelecem o que chamamos de *identidade visual*.

Com base em uma visão macro, ou seja, pensando no sistema de identidade visual não só como um material de regras, mas também do ponto de vista da inteligência e da estratégia do *designer*, descobrimos que desenvolver uma identidade de marca não é uma tarefa fácil, uma vez que esse tipo de criação visa ao entendimento de elementos que só são conquistados por meio de uma harmonia empresarial e levando-se em consideração o contexto atual.

Logo, podemos dizer que pensar sobre o desenvolvimento de uma marca é um projeto em constante evolução, pois os elementos básicos da identidade visual também podem mudar com o tempo, seguir tendências ou considerar algum marco histórico, como uma pandemia.

Para discutirmos esses assuntos, utilizamos as metodologias pensadas por Wheeler (2013) e Peón (2009), uma vez que essas autoras desenvolveram conceitos que nos ajudam a quebrar a barreira entre a teoria e a prática relativas aos sistemas de identidade visual.

Nos próximos capítulos, abordaremos essas metodologias mais detalhadamente, incluindo assuntos práticos de criação. Em seguida, buscaremos compreender os aspectos da construção de uma estratégia de *branding*, que é, basicamente, a visão de negócio do desenvolvimento de uma marca e que nos auxilia a pensar a identidade visual como ferramenta e técnica de *marketing*.

Capí-tulo 5

METODOLOGIAS DE IDENTIDADE VISUAL E ESTRATÉGIAS DE *BRANDING*

5.1 Metodologias de identidade visual

Imagens de marca, *identidade de marca* e *identidade visual* são termos comumente utilizados na atualidade, mas são originários de diferentes processos e estratégias de comunicação no mundo globalizado. Isso porque, ao longo da história do capitalismo, como apontamos no Capítulo 2, a humanidade desenvolveu formas para se comunicar com o auxílio de imagens, principalmente por meio de símbolos. Essa evolução acarretou profundas mudanças nas práticas cotidianas, no comércio, na política, na cultura e na economia. As imagens por si só medeiam nossa percepção em relação ao mundo e aos outros.

Como resultado, vivemos em uma sociedade permeada por representações que organizam nossas vivências e experiências. Desde o nascimento, somos identificados com marcas sociais e culturais, separados por uma linguagem inserida em um contexto pautado no consumo. Assim, somos para viver em sociedade, devemos obedecer a regras de consumo, que se aplicam desde às roupas que vestimos até aos tipos de profissionais que atuam no mercado de trabalho.

Entretanto, a sociedade nem sempre foi assim, sendo constituída ao longo do tempo. Primeiro, houve a acumulação primitiva do capital, com o cercamento das terras comunais, na Europa, a fim de concretizar a propriedade privada, o que levou ao surgimento do capitalismo. Este, por sua vez, se consolidou com a prática de exploração, violência, escravização e alienação do trabalhador. Todos esses fatores foram essenciais para a formação de um sistema que define nascimentos, modos de viver, deslocamentos geográficos, crenças etc. O capitalismo está tão arraigado em nossas vidas que é difícil pensar em outro sistema econômico.

Por isso, muitos estudiosos do universo da comunicação e das imagens apontam alguns parâmetros para a consolidação do sistema. Por exemplo, elementos que conhecemos, atualmente, como *marca*, *identidade de marca* e *publicidade* se originaram em um sistema de vida moderno, ou seja, em uma sociedade espetacularizada, como aponta sabiamente Guy Debord, em seu livro *A sociedade do espetáculo*, publicado em 1967. Para Debord (1997), desde a imposição do capitalismo como sistema que rege a economia mundial, até mesmo as relações sociais passaram a ser mediadas pelas imagens (e por recursos financeiros). Afinal, é perceptível a impossibilidade de separar as relações sociais das relações de consumo, pois ambas demandam o acúmulo de recursos e de imagens. Ao considerarmos esses fatores, podemos ver como o *marketing* nitidamente desempenha um papel fundamental na manutenção dessas relações. Pense, por exemplo, no bombardeamento de imagens e propagandas ao qual somos submetidos cotidianamente.

Todas essas questões nos levam a olhar para o mundo de maneira crítica e a entender nosso papel na perpetuação desse sistema e as possibilidades que nos são apresentadas a partir do momento que tomamos ciência de que somos definidos como consumidores.

Por meio da consciência de que somos consumidores, conseguimos perceber a importância da dimensão visual das estratégias de comunicação na sociedade capitalista. As imagens são instrumentos de poder e definem o consumo, a divisão de trabalho, a classe social etc. Essa discussão dá uma dimensão bastante precisa do envolvimento das imagens na sociedade capitalista. Além disso, o livro de Debord (1997), apesar de ter sido escrito em 1967, portanto muito antes da internet, dá conta de explorar a relação quase natural entre a produção de imagens e a publicidade, visto que, por meio de imagens, geramos afetos e desejos, que, por sua vez, são o cerne do universo da publicidade.

Debord (1997) aponta a modernidade histórica como parte importante da consolidação das imagens na função de mediadoras do mundo e da experiência humana. Nesse contexto, tudo se transforma em produto e gera cada vez mais capital para o desenvolvimento de novos bens e serviços, fazendo surgir profissões voltadas exclusivamente para a criação de imagens e símbolos, para a administração de redes sociais, para as estratégias de comunicação etc. Em meio a essas profissões estão a de *designer*, de analista de mídias sociais, de produtor de conteúdo, criadas exclusivamente para pensar em formas de transformar o mundo espetacularizado em mensagens visuais, simbólicas nos mais diversos formatos, suportes e dimensões.

Não é necessário ir muito longe para entender de maneira mais simples a relação entre imagens e consumo. As mídias sociais, por exemplo, foram desenhadas para esse tipo de serviço e existem muitos estudos apontando as relações mediadas por elas no que diz respeito ao consumo e ao comportamento dos usuários.

Não é à toa que, recentemente, se difundiu uma corrente na internet em que as pessoas postavam fotografias simulando o comportamento em cada rede social. Enquanto as imagens associadas aos perfis na rede LinkedIn carregavam um tom de seriedade e profissionalismo, as relativas ao Instagram demonstravam o lazer e a diversão (Figura 5.1). Esse exemplo nos permite perceber os diferentes tipos de relações que estabelecemos com cada uma dessas redes e com nossas imagens pessoais. Isso também é válido para a imagem corporativa e de marca.

Figura 5.1 – **Estilo de fotografia no LinkedIn (a) versus estilo de fotografia no Instagram (b)**

(a)   (b)

Desse modo, podemos perceber a diferença entre as mensagens em diferentes plataformas e redes sociais. Isso é, sem dúvidas, algo que pode ser pensado em termos de imagem de marca e de identidade visual, pois determinada empresa pode, por exemplo, ter contas nas redes Instagram e LinkedIn e desenvolver conteúdos completamente diferentes para cada uma. No Instagram, estimula-se o desejo da compra e incentiva-se a personalização e a familiaridade da marca. Já no LinkedIn, uma plataforma mais profissional, a marca pode demonstrar seus aspectos como negócio, chamando a atenção para seus colaboradores e para seu dia a dia como empresa. Tudo isso serve como fundamentação teórica para entendermos o panorama na condição de agentes de propagação de um mundo mediado pelas imagens. Isso porque, nesse mercado, não podemos ser ingênuos, e conhecer essas nuances é fundamental para estabelecer imagens e impressões sobre o mundo.

Diante desses aspectos, precisamos estabelecer alguns diferenciais que, sem dúvidas, nos levarão a entender as particularidades das metodologias de identidade visual e das estratégias de *branding* para consolidar as marcas em um mundo globalizado e mediado por imagens que tornam as pessoas prioritariamente consumidores. Por isso, na sequência, apresentamos algumas metodologias de criação de identidade visual que se conectam muito bem com o que foi discutido no Capítulo 4 e abrem portas para pensarmos na noção de marca de uma maneira mais expandida.

> Alertamos que as metodologias apresentadas neste livro são instrumentos de trabalho que servem ao propósito de oferecer um suporte lógico e de ordenamento ao processo de criação da identidade visual. Logo, é possível beber de diversas fontes e criar metodologias específicas, já que o trabalho em si decorre da capacidade técnica e criativa do *designer* para a resolução dos problemas.

5.1.1 Metodologia de Alina Wheeler

A pesquisadora e *designer* Alina Wheeler (2008; 2013) apresenta sua metodologia no livro *Design de identidade da marca*, o qual é construído por meio de uma didática que percorre todos os aspectos da criação da identidade visual, ou seja, desde a gênese da ideia de marca até a concepção do produto final. Para embasarmos essa discussão, utilizaremos a edição norte-americana de 2013, publicada pela John Wiley & Sons.

A metodologia de Wheeler (2013) envolve pensar nas várias frentes de trabalho correlatas e no papel fundamental do *designer*. Além disso, a autora inclui pontos de contato pelos quais o produto passa até seu lançamento. Como vimos no capítulo anterior, esses pontos de contato são todos os lugares onde o produto e o público-alvo se encontram, como os locais ou os suportes em que o consumidor recebe algum tipo de informação ou interage com uma marca, um serviço ou um produto. Para Wheeler, é necessário ser o mais abrangente possível acerca da criação da identidade visual, que, por sua vez, deve estar coerente em todos esses pontos de contato.

Como retórica pedagógica, Wheeler (2013) divide a concepção da identidade visual em cinco diferentes fases, como vemos a seguir:

1. Condução da pesquisa
2. Classificação da estratégia
3. *Design* da identidade
4. Criação de pontos de contato
5. Gestão de ativos

Quadro 5.1 – **Fases da metodologia de Alina Wheeler**

1. Condução da pesquisa

Todo profissional do mercado de *design*, comunicação estratégica, publicidade etc. deve entender que a pesquisa é sempre a primeira fase de qualquer projeto de comunicação e *marketing*, já que uma boa pesquisa economiza tempo e, principalmente, recursos financeiros.

Para Wheeler (2013), a fase da pesquisa é o momento de organizar a dinâmica de construção da marca. Nesse sentido, o profissional responsável pela identidade visual deve entrar em contato com todos os documentos estratégicos do negócio e entrevistar os principais agentes envolvidos, a fim de conhecer mais profundamente a empresa e a marca. Sua metodologia é muito similar a uma estratégia de *branding*, como veremos mais adiante.

No mercado de *design*, é comum que as empresas terceirizem essa atividade, tanto que existem agências específicas para comunicação e *marketing* estratégico, que auxiliam empresas a desenvolverem seus produtos sem que elas precisem ter um departamento exclusivo para isso.

Logo, é especialmente nesses casos de terceirização que o *designer* deve entrar em contato com materiais e ferramentas que o façam conhecer a missão, a visão, os valores, a história e, se possível, os relatórios anuais sobre o desempenho midiático da empresa. Todos esses documentos, geralmente, são disponibilizados mediante contrato de confidencialidade.

Entrevistas são etapas importantes também porque ajudam a descrever melhor os produtos, definir o público-alvo, compreender as atividades da empresa e, principalmente, quais são suas metas. Logo, devem ser realizadas depois da leitura dos documentos.

Além da pesquisa interna, é necessária uma voltada ao mercado. Atualmente, muitos conteúdos de pesquisas desse tipo são obtidos por meio de métricas de redes sociais e *performance* dos consumidores, mas também podem ser realizados estudos mais específicos e qualitativos, por meio do contato direto com os clientes. Wheeler (2013) ainda aponta a importância da usabilidade do produto e das estratégias de comunicação da empresa, o que tem bastante relação com as metodologias de experiência do usuário ou UX (*user experience*).

Como a condução de pesquisas é fundamental, a autora também incentiva que sejam realizadas auditorias de *marketing* internas e externas (com foco na concorrência), a fim de gerar um documento base para a elaboração da identidade visual. Essas análises se referem ao histórico de atuação de *marketing* da empresa, buscando observar as ferramentas utilizadas, bem como identificar quais fatores podem ser preponderantes para a identidade visual e quais podem ser deixados de lado.

(continua)

(Quadro 5.1 – continuação)

1. Condução da pesquisa

O processo examina minuciosamente a marca e suas múltiplas expressões ao longo do tempo, pois para o desenvolvimento de uma visão do futuro é preciso conhecer a história. Algo de valor pode ter sido deixado de lado ao longo do tempo, talvez algo possa ser reaproveitado, portanto é necessário solicitar materiais e comentários que indiquem o que funcionou e o que não funcionou, materiais que [sic] aparecem versões das identidades já utilizadas, comunicações digitais, aplicações ambientais, materiais de divulgação e materiais efêmeros (camisetas, canetas, broches). (Alves, 2018, p. 34)

O processo que chamamos de *auditoria* nos auxilia a compreender melhor a dinâmica de relação com o público e o porquê de os consumidores escolherem uma determinada marca em detrimento de outra. Para Wheeler (2013), também é preciso entender a dinâmica de linguagem utilizada, ou seja, como a marca se comunica com seus consumidores e se essa linguagem – que também podemos chamar de *voz* – é consistente com todos os aspectos do negócio.

A condução da pesquisa resulta em dados valiosos relacionados à imagem da empresa, ao cliente, à sua experiência etc. e deve resultar em um relatório com todos os dados. Esse documento deve ser apresentado aos *stakeholders* da empresa ou aos tomadores de decisão, a fim de expor os dados e as ideias estratégicas de comunicação de marca. É a partir desse encontro e da aprovação dos pares que o profissional segue para a próxima etapa, que traz mais independência para a criação.

2. Classificação da estratégia

Após uma extensa pesquisa, inicia-se a etapa de classificação da estratégia, que envolve:

- **Especificar o público-alvo**: determinar as principais pessoas a serem atingidas, assim como sua faixa etária, seu grau de escolaridade e outras informações singulares e essenciais para a estratégia. Por exemplo: o público-alvo pode ser de mulheres, entre 18 e 35 anos, que sejam mães e utilizem redes sociais com frequência.
- **Definição dos valores da marca**: determinar quais são os atributos e os valores essenciais da marca. Nesse sentido, vale a pena consultar a matriz de identidade da marca para planejar essa fase. De qualquer forma, na seção de *branding*, abordaremos mais especificamente esses atributos.

161

(Quadro 5.1 – continuação)

2. Classificação da estratégia

- **Metas do projeto**: é preciso estabelecer metas de curto, médio e longo prazos. Desse modo, conseguimos identificar se a estratégia está funcionando. Essas metas devem ser condizentes com a realidade, ou seja, não é adequado apresentar metas exageradamente otimistas, pois isso pode interferir na satisfação dos tomadores de decisão da marca.
- **Vantagem competitiva**: como dissemos, é impossível planejar as questões de uma marca sem olhar para os competidores. Por isso, devemos estabelecer pontos que permitem a vantagem sobre os concorrentes, a fim de demarcar os diferenciais e, quem sabe, explorar isso na divulgação e na promoção da marca.

Com base nesses itens, é possível criar uma documentação que fundamenta a marca. Segundo Wheeler (2013), podemos conceber essa ideia por meio de *briefings*, que devem ser curtos e objetivos e, geralmente, contêm os aspectos da marca ou da empresa: visão, missão, essência de marca, atributos de marca, propostas de valor, princípios orientadores, público-alvo, principais nichos de mercado, concorrentes diretos e indiretos, vantagem competitiva, *stakeholders* e força motriz.

É interessante notar que até esta etapa não entramos efetivamente no material que conhecemos como *identidade visual*, já que, nessa metodologia, sua elaboração só pode ser iniciada após uma profunda compreensão da essência da marca. Isso, sem dúvidas, é uma tarefa complexa, mas facilita muito a vida do *designer* no momento de pensar nas questões mais criativas da identidade visual.

Portanto, é de se supor que o profissional deva estar preparado para lidar com essas etapas, sabendo realizar pesquisas e compreender as questões do negócio em geral.

Não basta só ter criatividade, pois organização também é fundamental.

3. *Design* de identidade

Com toda a documentação em mãos e com os *briefings* aprovados pelos tomadores de decisão, finalmente começamos a terceira fase, que é o início do processo criativo da identidade visual e do Manual de Identidade Visual (MIV)[1], um documento que padroniza tecnicamente todas as possíveis aplicações da identidade visual, do símbolo, da assinatura visual, do logotipo etc. Nessa etapa, o profissional encarregado deve juntar a essência da marca à forma e ao desenho de marca. Como aponta Alves (2018, p. 36):

---

1 Muitas marcas disponibilizam seus manuais de identidade visual para todos e é possível buscar vários *rankings* desses manuais na internet. O manual de identidade da Bienal de São Paulo, por exemplo, pode ser encontrado na página *web* da fundação: <http://www.bienal.org.br/identidadevisual>. Vale a pena dar uma olhada e procurar por outros na internet, pois eles podem servir de inspiração no que tange ao conteúdo e ao formato de apresentação. Além disso, é sempre válido consultar o manual de identidade de marcas concorrentes, caso elas o disponibilizem, pois este pode ser um material valioso para a construção da identidade visual de determinada marca. Isso, é claro, sem implicar em cópia ou plágio.

(Quadro 5.1 – continuação)

3. Design de identidade

Sintetizar a complexidade de uma marca não é algo simples, exige foco, paciência e disciplina. A dificuldade está em encontrar uma forma simples, mas ainda assim marcante e apropriada e que se destaque no ambiente visual supersaturado em que vivemos. Esta identidade deve se encaixar nas mais diversas aplicações e mídias e muitas vezes é possível manter elementos da identidade original, transformando-a em ideias maiores com formas visuais mais fortes e pertinentes [...].

Além disso, devemos criar alguns elementos, que são considerados os principais do sistema de identidade visual. Vale pontuar que a criação de uma identidade visual pode envolver escolhas novas ou se basear nos materiais anteriores da marca. A seguir, detalhamos o que Wheeler (2013) considera essencial para a identidade visual. Alguns desses elementos dialogam diretamente com a metodologia de Maria Luísa Peón (2009), como mostramos no capítulo anterior:

- **Símbolo**: sinal gráfico utilizado para identificar uma marca, empresa, produto ou serviço. Ao contrário do signo, que tem um significado específico (como as placas de sinalização), o símbolo deve vir carregado com informações e emoções da marca. Por isso, pode ser abstrato (com significado conceitual que deve ser apreendido pelo consumidor) ou figurativo. Além disso, é importante que se conecte com as especificações da marca e seja legível. Portanto, a criação de um símbolo deve estar atrelada a análises e pesquisas sobre o meio em que está inserido.

- **Logotipo**: é classificado por Wheeler (2013) como uma ou mais palavras escritas com determinada fonte tipográfica e uma família de cores específica, de modo a concordar com a assinatura visual. É um dos produtos mais importantes do manual de identidade visual, já que não deve ser efêmero, devendo ser durável e pertinente ao meio, ou seja, deve ter longevidade. Didaticamente, Wheeler (2013) ensina que é preciso partir do básico para chegar ao produto final.

Nesse sentido, é valioso explorar as variações tipográficas, modificá-las, redesenhá-las, testar proporções de tamanhos das letras, mexer na composição e nas combinações, experimentar letras maiúsculas e minúsculas etc. "Vale ressaltar a importância de manter a forma do caractere do alfabeto legível para que quando essa identidade visual seja registrada, que seja como uma marca nominativa, caso contrário os analisadores do INPI a registrarão como uma marca figurativa" (Leite, 2013, p. 24).

163

(Quadro 5.1 – continuação)

3. Design de identidade

- **Assinatura visual**: trata-se do elemento descrito no manual de identidade visual, ou seja, representa o conjunto de aspectos (logotipo, símbolos ou a soma deles) em uma combinação determinada da marca. Se consultarmos a identidade visual da Bienal de São Paulo (Identidade..., 2021), por exemplo, poderemos ver que seu logotipo e seus símbolos são utilizados, inclusive, com demarcação espacial, que protege a especificidade e a legibilidade da assinatura e da marca.
- **Família de cores**: as cores conectam-se às emoções. Diferentes teorias das cores demonstram que a família cromática do laranja e do amarelo, por exemplo, despertam fome, enquanto tons de verde acalmam. Por isso, podemos encontrar várias redes de lanchonete e *fast-food* que utilizam, em sua identidade visual, os tons de laranja, enquanto o verde é encontrado, geralmente, em hospitais e escolas.
  Conforme pontuamos, isso se deve ao fato de a percepção visual registrar as cores antes de qualquer outra informação. "O padrão cromático estabelece quais cores [...] servirão de apoio para a marca, contendo em si grande responsabilidade de comunicar de maneira mais intensa ou mais tímida o que deseja, com sua gama de variações tonais" (Leite, 2013, p. 25). Logo, as cores carregam a impressão de familiaridade. Não precisamos ler o logotipo vermelho da latinha de refrigerante para sabermos seu nome, visto que sua cor nos é familiar.
- **Tipografia**: elemento essencial da comunicação da marca, uma vez que nem sempre será possível utilizar o logotipo ou a assinatura visual. A tipografia ou alfabeto institucional deve ser legível, mas também apresentar sua própria personalidade em consonância com a empresa.
  Além disso, deve-se pensar nos diferentes suportes em que ela será utilizada, tanto impressos quanto digitais, já que a legibilidade de uma pode ser diferente da de outra[2]. Nesse sentido, podemos explorar muitos caminhos: tipografias tradicionais, casuais, inovadoras, diferentes etc.

---

2 As tipografias podem ser definidas como serifadas ou não. De maneira geral, as letras serifadas são mais indicadas para materiais impressos, pois são mais fáceis de ler nesse suporte. Já as fontes não serifadas são recomendadas para materiais na *web*.

(Quadro 5.1 – conclusão)

4. Criação de pontos de contato

No capítulo anterior, conhecemos o que Wheeler (2013) denomina *pontos de contato*. Agora, entendemos em que momento de um projeto de identidade visual eles devem ser aplicados, ou seja, após a definição do *design* de identidade:

O desenvolvimento de pontos de contato, trazido por Wheeler (2012) na quarta fase do projeto, trata do desenvolvimento e refinamento do design e demanda uma atenção muito grande aos detalhes uma vez que os arquivos gerados serão permanentes. "Um programa de identidade de marca abrange uma linguagem visual excepcional e única que se expressa em todas as aplicações. Seja qual for a mídia, as aplicações precisam funcionar em harmonia. O desafio é o design encontrar o equilíbrio correto entre flexibilidade de expressão e consistência na comunicação" (WHEELER, 2012, p. 152).

(Alves, 2018, p. 37)

5. Gestão de ativos

Finalmente, chegamos à última fase do processo de elaboração da identidade de marca. É nessa etapa que devemos informar a mudança ou implementação da identidade de marca. A quem interessa saber isso? Por quê?

Essas questões interessam à gestão de ativos, pois entendemos que a marca é um ativo da empresa, devendo garantir a correta implementação do sistema como um todo. Dessa forma, devemos apresentá-la fornecendo a documentação correta e os arquivos nas dimensões certas para todos os *players* do negócio, a fim de garantir sua correta aplicação. Além disso, devemos observar a reação do público-alvo e, se possível, gerar métricas para entender sua percepção.

Fonte: Elaborado com base em Alves, 2018; Leite, 2013; Wheeler, 2013.

5.1.2 Metodologia de Maria Luísa Peón

No capítulo anterior, apresentamos as muitas especificidades da metodologia de Peón em comparação à metodologia de Wheeler.

As duas apresentam muitas similaridades, especialmente em relação à ordenação do processo e ao conjunto de elementos que devem ser criados para o sistema de identidade visual (logotipo, assinatura visual, cores institucionais etc.).

Peón (2009), no entanto, divide sua metodologia em apenas três etapas principais:

1. **Problematização:** diagnóstico do projeto com base em um *briefing*, que pode surgir de pesquisas ou de materiais cedidos pela empresa ao profissional encarregado pelo *design*.

2. **Concepção:** junção das ideias criativas expressas graficamente, trazendo uma solução visual que seja adequada ao *briefing*.

3. **Especificação:** catalogação das informações no manual de identidade visual.

5.1.3 Metodologia de Rezende

De acordo com Sandra Ribeiro Cameira (2013, p. 49),

Em 1979, e portanto antes da chegada do *branding* ao mercado brasileiro, Marco Antônio Rezende, semiólogo e ex-diretor do escritório de design Cauduro/Martino, ao dissertar sobre a metodologia da identidade visual, recorreu à semiologia e afirmou que, como qualquer linguagem, a identidade visual se utiliza de um conjunto de signos e de uma sintaxe para ser produzida.

Trata-se de um processo de invenção de linguagem em todas as suas etapas e, pelo fazer projetual do designer, é ampliado por novas regras, formas e componentes, em um processo totalmente único. Como toda linguagem, a identidade visual evolui e pode se reciclar a qualquer tempo.

A metodologia de Rezende, apesar de ter sido elaborada em 1979, pode auxiliar na compreensão do processo de criação na história do mercado brasileiro. Para o semiólogo, o processo de criação da identidade visual passa por quatro etapas:

1. **Plano diretor:** fase de pesquisa e diagnóstico das necessidades do negócio e da essência da marca que será lançada ou repaginada. Nesta etapa, são realizadas entrevistas, pesquisas e análises da concorrência.

2. **Criação da linguagem visual:** semelhante às etapas de *design* de **identidade**, de Wheeler (2013), e **concepção**, de Peón (2009), trata-se do momento de criação dos signos e das regras básicas do sistema de identidade visual, ou seja, de todos os elementos que caracterizam a identificação da marca. Nessa etapa, são definidos o nome, o logotipo, a tipografia, as cores e a assinatura visual.

3. **Implementação:** considerada a etapa mais complexa, pois, nela, o sistema de identidade visual ganha o mundo e é aplicado, executado e implementado. Nesse sentido, deve-se preservar o uso correto dos signos encontrados e padronizados no manual de identidade. Segundo Cameira (2013), Rezende defende o manual como instrumento indispensável para a correta implementação da identidade visual e, consequentemente, da mensagem que se quer transmitir. Nessa etapa, são realizadas as identificações externas

nos estabelecimentos físicos, a sinalização interna, a papelaria, a mudança de imagens em redes sociais e *homepages* etc.

4. **Normatização**: basicamente, é a criação do manual de identidade visual e sua disponibilidade para todos os envolvidos.

A metodologia de Rezende só não compreende a estratégia de *branding* como parte do processo. No entanto, ainda vale como conhecimento. Além disso, conforme podemos notar, todas as metodologias apresentadas têm um aspecto em comum: a organização do processo de criação em etapas que envolvem, basicamente, pesquisa, desenvolvimento e implementação.

Ao longo deste livro, procuramos construir uma visão mais estratégica sobre o processo de elaboração da identidade visual, já que também adentramos o universo da identidade corporativa e da identidade de marca. Até aqui, você já deve ter percebido que a criação do sistema de identidade visual vai muito além do aspecto visual da marca, do seu significado e do seu posicionamento.

Olhar para esses processos de maneira estratégica nos ajuda a construir e a gerir marcas corporativas por meio da intersecção das áreas de administração, *marketing* e *design*. Nesse contexto, surge o *branding*: um sistema de gestão de marcas orientado pela autoridade com que determinada marca pode ter na vida das pessoas, buscando, a todo momento, agregar valor e manter um posicionamento coerente.

Dito isso, é chegada a hora de adentrar no universo do *branding* e entender como essa estratégia se relaciona diretamente com a elaboração da identidade visual.

5.2 Branding

Resumidamente, *branding* é o valor da marca, conquistado pelo que se investe nela e em sua imagem. Para obter esse valor, é necessário todo um planejamento estratégico no processo de gestão de marca, com o intuito de cuidar de sua imagem e de sua reputação e garantir a promoção dos colaboradores. Com isso, torna-se possível adaptar o conhecimento de marca a diferentes contextos, trazendo visibilidade para o negócio. Com base nesse conceito, podemos concluir que o *branding* é uma estratégia pensada para a jornada do consumidor, devendo responder às seguintes dúvidas relacionadas a conceitos centrais:

- **Visibilidade**: Como o cliente entrou em contato com a marca?
- **Percepção**: Qual foi a percepção e como foram as experiências em relação à marca? Quais foram os pontos de contato?
- **Consideração**: Quais fatores levaram o possível cliente a considerar a marca como uma opção para compra?
- **Conversão**: O que levou o possível cliente a efetivamente comprar o produto ou serviço da marca?
- **Lealdade**: Por que o cliente voltou a comprar da marca? Como ele se tornou seguidor, fã ou fiel à marca?
- **Promoção**: Como o consumidor virou um divulgador e defensor da marca?

Com base nessas questões, podemos concluir que a estratégia de *branding* não é algo que se constrói rapidamente, senão um processo de anos. Em termos de estratégia, é muito similar ao planejamento do *inbound marketing*[3], pois demanda planos a longo prazo. Assim como o *marketing*, o *branding* é um tipo de gestão de negócio e deve ser pensado por todas as empresas que querem continuar relevantes com o passar dos anos.

Apesar de ser uma prática bastante comentada atualmente, a estratégia de *branding* não é nova. Nos Estados Unidos, muitas empresas a utilizam desde as décadas de 1960 e 1970. Sua chegada ao Brasil remonta à década de 1990, ou seja, o mercado brasileiro incorporou o *branding* como parte fundamental da criação e da gestão de marca há aproximadamente 30 anos.

Inclusive, vale a pena destacarmos a diferença conceitual entre esses dois momentos de contato com a marca, a criação e a gestão. Criar uma marca envolve desenvolver um nome, um símbolo (logotipo, assinatura visual etc.), pensar em seu posicionamento, seus atributos, seu tom e sua voz, ou seja, seus modos de comunicação com os consumidores. Além disso, também envolve construir todos os processos de estratégia de marca, assim como mapear clientes e *stakeholders*. Criar uma marca é planejar como esta se tornará reconhecida, visível e identificável.

Por outro lado, a gestão de marcas envolve lidar com marcas já criadas. Nesse sentido, a estratégia de *branding* deve servir para enxergar as oportunidades no mercado, a fim de adaptar o posicionamento, a mensagem da marca etc. Além disso, a gestão de marcas serve para gerenciar todos os processos, com o intuito de assegurar a comunicação efetiva com os consumidores e envolvidos. Como faz

---

3 "*Inbound Marketing* é uma concepção do *marketing* focada em atrair, converter e encantar clientes. O *Marketing* de Atração, como também é chamado o *Inbound*, afasta-se do conceito tradicional da publicidade e possibilita a conexão com o público-alvo por meio dos pilares: *Marketing* de Conteúdo, SEO e Estratégias em Redes Sociais" (Peçanha, 2020).

parte de uma estratégia de longo prazo, também podemos incluir a avaliação da percepção de marca e pensar em novos métodos para melhorar ou potencializar a imagem, e eles podem abarcar, inclusive, a revisão do sistema de identidade visual.

Diante disso, uma boa estratégia de *branding* começa na definição da identidade de marca, isto é, o conjunto de elementos que ajudam a comunicar o que é e quem é a marca. Como já dissemos, essa identidade é composta por nome, logotipo, cores, tipos, símbolos e *slogan*. Então, o primeiro passo é fazer a marca ser rapidamente reconhecida.

5.2.1 *Naming* ou nomeando a marca

A partir deste ponto, entraremos em um contexto que privilegia a estratégia de *branding* por meio da criação de marca. No entanto, alguns aspectos abordados podem fazer parte, também, do processo de gestão.

Dentro do processo de criação de marca, a primeira coisa que devemos definir é seu nome. Chamamos esse processo de *naming* ou nomeação de marca. O nome é essencial, pois, muitas vezes, consiste no primeiro contato que o consumidor tem com uma marca.

Logo, é razoável imaginar que nomear um produto não é algo fácil. Muitos pesquisadores da área apontam que um nome de marca precisa conseguir captar o espírito da empresa, ao mesmo tempo que seja reconhecível e memorável. Além disso, deve ser universal, visando ser utilizado em diferentes contextos geográficos e atrair públicos diversos; se for possível despertar emoção, melhor ainda!

Podemos categorizar o processo de *naming* em seis grandes famílias:

- **Descritiva**: compreende nomes que deixam evidente o que é o produto ou serviço, tais como Banco do Brasil, Museu de Arte de São Paulo etc. Muitas vezes, por conta de sua extensão (BB, Masp etc.), acabam virando siglas, que se tornam mais conhecidas do que o nome por extenso, possibilitando a utilização dessas reduções nos materiais da marca, no sistema de identidade visual etc.

- **Toponímica**: é a família de nomes com base no local de origem da marca. Em muitas regiões do Brasil, inclusive, encontramos comércios que levam o nome da rua ou da cidade em que estão localizados. É bem fácil encontrar nomes como Padaria São Paulo, Mercado Copacabana etc. Além disso, é comum algumas localidades usarem seus nomes para explorarem sua imagem. Essas marcas são utilizadas na promoção e na divulgação de ações e programas do local. Na década de 2010, a Prefeitura de Curitiba reforçou seu nome de marca, utilizando de maneira distinta as redes sociais da prefeitura e trazendo personificação para a gestão por meio do compartilhamento de informações da municipalidade por meio de *memes* e comunicações contextualizadas.

- **Patronímica**: relaciona-se aos nomes de marcas baseados em nomes de pessoas, como podemos observar com evidência no universo da moda e dos automóveis: Chanel, Calvin Klein, Ferrari, Xuxa Produções etc. É importante notar que existem vantagens e desvantagens evidentes nesse tipo de nomeação, pois, atualmente, o posicionamento do sujeito homônimo à marca acaba tendo que ser conivente com os atributos dela, ou seja, o nome pode trazer aspectos tanto positivos quanto negativos de posicionamento.

- **Metafórica**: essa família também é chamada de *simbólica* por alguns autores. Esse tipo de nomeação engendra uma alusão metafórica a uma história ou à origem da marca. Por exemplo, o uso de nomes de animais, criando uma associação com suas características.
- **Arbitrários ou artificiais**: são nomes que não têm uma relação evidente com a marca ou o produto. Pense, por exemplo, no nome da marca do maior buscador de internet, aquele que utilizamos cotidianamente sem nem ao menos percebermos, seu nome é completamente arbitrário e, ainda assim, tem um sistema de identidade de marca bastante relevante.
- **Encontrados**: poderíamos integrar essa classificação nos nomes arbitrários, mas a família de nomeação encontrada refere-se à associação de palavras preexistentes. É o caso da marca de tecnologia da maçã e da maioria das empresas de telecomunicações do Brasil.

Nomear uma marca é um projeto complexo e não deve ser responsabilidade somente do *designer* encarregado da identidade visual, embora esse profissional deva ser capaz de distinguir e reconhecer as vantagens e desvantagens da nomeação.

Existem algumas metodologias de nomeação que podem ajudar nesse processo: criar um fluxograma ou mapa mental para verificar a força do nome; imaginar cenários de utilização do nome, inventando possibilidades de aplicação; e, é claro, avaliar quantitativamente e qualitativamente a fonética, a semântica e a força estratégica da palavra.

Além disso, sempre se deve iniciar uma estratégia de *naming* pela pesquisa e, futuramente, pelo registro da marca no Instituto Nacional de Propriedade Industrial (Inpi). Em relação a isso, não se preocupe: abordaremos o licenciamento e o registro de marca no próximo capítulo. Por enquanto, continuaremos explorando a estratégia de *branding* para a criação e a gestão de marca.

5.2.2 Logotipo

A essa altura, já deve estar clara a importância de um logotipo para uma marca. Isso porque, juntamente com o nome, o logotipo é geralmente um dos primeiros contatos que o consumidor tem com uma marca, suscitando suas primeiras percepções sobre determinado produto ou serviço. Assim como o processo de nomeação, a criação do logotipo também pode, de acordo com determinadas metodologias, desdobrar-se em cinco grandes famílias, a saber:

- **Abstratos**: representações abstratas das marcas, ou seja, não se parecem necessariamente com objetos do mundo real. Geralmente, resultam da combinação de imagem e texto, embora separados também possam ser reconhecidos. É o caso dos logotipos da Adidas e da Pepsi, por exemplo.

- **Ícones ou símbolos**: logotipos feitos por meio da estilização de uma imagem, que podem funcionar como representação da marca sem a necessidade do nome, embora também possam combinar imagem e texto. Alguns exemplos são a marca da maçãzinha e o passarinho azul do Twitter.

- **Emblemas**: logotipos que apresentam uma tipografia, um símbolo ou um ícone dentro de uma forma geométrica. Nessa categoria, encontramos selos e brasões, frequentemente utilizados por universidades (Universidade Estadual de Campinas – Unicamp, Universidade de São Paulo – USP, Harvard University etc.), por organizações sociais, como a Organização das Nações Unidas (ONU), e até por empresas privadas. Essa categoria de logotipo carrega uma identidade de segurança e conservadorismo, sendo, é claro, de fácil identificação, por sua exclusividade.
- **Lettermark**: poderíamos traduzir esse termo como *marca da letra*. Portanto, refere-se aos logotipos que são constituídos por meio das letras do nome de uma marca ou de suas abreviações e siglas. É o caso dos logotipos de famosas redes de *streaming* e televisão, como a HBO (*Home Box Office*).
- **Wordmark** ou "marca de palavra": logotipos tipográficos e, geralmente, estilizados. É o caso da famosa marca vermelha de refrigerantes, do Google, da Netflix etc. Em muitos desses casos, a fonte tipográfica é registrada, de tal modo que somente a marca pode utilizá-la.

5.2.3 Tom e voz da marca

Assim como conseguimos categorizar o nome e o logotipo da marca, também encontramos metodologias para o desenvolvimento do tom e da voz da marca. Porém, o que são esses elementos?

A voz é uma definição que busca uniformizar as atitudes e os valores da marca por meio da padronização de palavras na comunicação e nos pontos de contato com o consumidor. Logo, ela não deve mudar, pois expressa a personalidade da marca. Defini-la demanda compreender como se comunicar e como demonstrar a identidade e, principalmente, o posicionamento de mercado.

Nesse sentido, podemos dizer que a voz não deve mudar nunca, a não ser que haja uma estratégia de *rebranding* por trás dessa decisão. No entanto, o tom da voz pode mudar de acordo com os locais de fala, isto é, os pontos de contato, o tipo de rede social etc. Como mostramos no início deste capítulo, uma marca deve seguir o tom da rede social para integrar-se. No Facebook, por exemplo, é possível explorar um tom de voz mais engraçado, enquanto no LinkedIn o tom deve ser mais profissional.

Todavia, como descobrir o tom e a voz ideais para a marca? Por meio de pesquisas internas e externas, que podem ser realizadas nas etapas de condução da pesquisa, de problematização e de plano diretor das metodologias de Wheeler, Peón e Rezende, respectivamente.

Por meio dessas pesquisas, é possível identificar os pontos que aparecem com maior frequência e que estão alinhados com os objetivos e as estratégias de comunicação. Como metodologia, vale a pena descrever as características dessa voz, a fim de identificar os elementos práticos que podem ser escritos para transmiti-las. Para isso, é viável utilizar um quadro de voz da marca, como o Quadro 5.2, a seguir.

Quadro 5.2 – **Esquema para voz de marca**

Característica da voz	Descrição	Fazer	Não fazer
Paixão	Somos apaixonados por facilitar a vida das pessoas com nossos aplicativos de organização.	Usar verbos fortes, demonstrar força, demonstrar que somos líderes.	Usar voz passiva, linguagem morna e insossa.
Ser diferente	Estamos preocupados em ser conhecidos por nossa inovação.	Usar exemplos inesperados, tomar o lado contrário das coisas, ser expressivo.	Usar muitas gírias ou referências obscuras, repetir exemplos utilizados massivamente.

Definir a voz e o tom de comunicação da marca é interessante, pois delimita os campos de trabalho e auxilia na junção de elementos utilizados para construir o sistema de identidade visual.

5.2.4 Brand persona

Depois da constituição do nome e do logotipo da marca, é possível definir a *brand persona*, que pode ser elaborada simultaneamente ou após a definição do tom e da voz da marca.

Brand persona é, basicamente, uma tática para personificar a marca, a fim de conquistar o público-alvo e interagir com ele. Logo, uma *brand persona* deve transmitir todos os valores de uma marca e definir como a empresa se expressa, considerando, inclusive, a linguagem utilizada.

A personificação da marca pode ser caracterizada no tom de comunicação (formal ou informal) e pelo uso de um promotor (mascote, personagem virtual etc.). Além disso, a *brand persona* pode refletir-se no sistema de atendimento ao cliente: por telefone, pessoalmente ou eletronicamente.

Essa estratégia pode ser determinante para definir toda a comunicação da marca, o que inclui a identidade visual, pois o *brand persona* atua na empatia e no reconhecimento, seja na atenção ao cliente, seja nas peças de divulgação etc.

É importante discutirmos a diferença entre *brand persona* (pessoa da marca) e *buyer persona* (comprador da marca) – também conhecido somente como *persona* –, um termo bastante no comum no *marketing* de conteúdo:

> Buyer persona deve ser o norte de uma estratégia de Marketing Digital. É como se fosse uma pessoa com todas as características de um cliente real.
>
> Muito diferente do público-alvo, que é abrangente, a buyer persona pode ser, por exemplo, uma mulher sem filhos e que gosta de assistir a séries ou uma dona de casa, mãe e com pouco tempo para o lazer. É o perfil demográfico e **sócio comportamental ideal de cada comprador**.
>
> O conceito foi criado por Alan Cooper, que expandiu o conceito de público-alvo e orientou as estratégias por um caminho muito mais focado, segmentado, assertivo e definido.
>
> Como é esse cliente ideal? De que ele gosta? Você descobre isso traçando a buyer persona – é ela quem deve ser a base para qualquer ação que sua equipe criar e que vai mostrar a eficácia de cada uma delas. (Pires, 2019, grifo do original)

Em suma, enquanto a *brand persona* é a personificação da marca, a *buyer persona* é a personificação do cliente ideal. É claro que devemos utilizar ambas para criar estratégias de comunicação com o público, a fim de causar identificação.

Logo, a criação de *personas* auxilia também no desenvolvimento da estratégia de *marketing* digital, que deve apropriar-se dos elementos gerados no processo de *branding* para fragmentar, comunicar e abordar o público-alvo. Nesse sentido, toda a construção do *marketing* é estabelecida pelo sistema de identidade visual, pela definição de linguagem etc., para converter mais pessoas e transformar possíveis clientes em consumidores fiéis.

> Já imaginou você traçar uma estratégia de vendas de chicletes para uma persona acima de 50 anos? A probabilidade de isso gerar vendas não é muito grande, convenhamos.
>
> Não é uma fórmula mágica. É técnica aliada a comprometimento: discursos praticamente lapidados para quem está disposto a ouvir o que você tem a dizer, que tem os interesses próximos aos valores da sua empresa e que compartilha dos mesmos gostos de quem compra da sua marca. (Pires, 2019)

Desse modo, podemos concluir que todas as estratégias de comunicação têm como foco principal a venda e a fidelização de clientes. Logo, todos os aspectos abordados neste capítulo e nos anteriores devem dialogar com as estratégias de *marketing*. Desse modo, o *branding* foi criado com o intuito de integrar diferentes departamentos de uma mesma empresa para este único propósito: vender.

Como são muitos os profissionais envolvidos, todos eles devem entender as relações de comunicação estabelecidas tanto no sistema de identidade visual quanto nas estratégias de *branding*.

Uma das melhores formas de comunicar e documentar a identidade da marca (interna e externamente) é por meio de um manual.

Afinal, não adianta ter uma marca forte sem uma documentação para mantê-la, sem saber como se comunicar com o público e, principalmente, sem saber como se posicionar em diferentes contextos e crises de imagem. O manual de marca é um documento resultante de todo esse processo de conhecimento, pesquisa e desenvolvimento da identidade, como verificamos. Ele deve trazer os elementos essenciais de identificação da marca, ou seja:

- introdução e descrição da marca;
- valores, missão e atributos da marca;
- logos, aplicações, reduções (inclusive siglas);
- assinatura visual e demarcação espacial de distanciamento entre os elementos;
- cores e seus códigos;
- tipografias e suas informações técnicas;
- ícones, símbolos e ilustrações;
- tom e voz (que podem ser representados por um quadro, conforme mostramos);
- outras informações relevantes.

Novamente, convidamos você a buscar manuais de marca disponíveis na internet. A Fundação Bienal (Identidade..., 2021) apresenta um bom exemplo, assim como a empresa de aplicativo de transporte Uber (Design..., 2021). Ambas disponibilizam seus manuais em uma sessão específica de suas páginas da *web*.

Neste capítulo, conhecemos algumas das principais metodologias de elaboração do sistema de identidade visual, com atenção detalhada à metodologia de Alina Wheeler (2008; 2013), uma das mais discutidas e utilizadas atualmente. Por isso, a leitura de seu livro *Design de identidade da marca* (Wheeler, 2008) é valiosa.

Por ora, essas metodologias já são mais do que suficientes para uma compreensão do sistema de identidade visual. Desse modo, prosseguimos com nossas discussões abordando as estratégias de *branding*. No próximo capítulo, trataremos de questões mais voltadas aos negócios, por meio do *branding*, ensinando como desenvolver os atributos, as plataformas, as promessas de marca e muito mais. Esse tema é essencial para o processo de criação de marca e, sem dúvidas, complementa a formação de um profissional do *design*, já que é difícil encontrar um indivíduo que atue na área da comunicação que não precise caminhar entre as questões dos negócios e as estratégias de discurso.

Em seguida, vamos explorar as tendências de marca e ensinaremos os caminhos para licenciar e proteger intelectualmente a criação da marca. Já em relação ao tema da gestão de marcas, também abordaremos as questões relativas à mutação de marcas e ao processo de *rebranding* – que pode servir para repaginar as estratégias de comunicação.

> Como vimos, o *designer* deve associar a criação e o fazer artístico à inteligência de um negócio e à sua estratégia de comunicação. Trata-se de um profissional bastante completo, que deve ser cada vez mais valorizado na sociedade capitalista!

Capítulo 6

PLATAFORMA E ARQUITETURA DE MARCA

6.1 Pressupostos da plataforma e da arquitetura de marca

Com as metodologias estudadas no capítulo anterior, compreendemos que o desenvolvimento do sistema de identidade visual é um processo amplo, complexo, com fases bem definidas e que necessita de recursos, inclusive, financeiros. Isso porque se trata de um processo que demanda profundo conhecimento do negócio e do que se espera para a marca e para a empresa em termos de visão, missão e valores.

A metodologia de Alina Wheeler (2013), por exemplo, explora todas as fases do processo, considerando-as essenciais para a elaboração do sistema de identidade visual, ou seja, leva em conta a importância tanto dos aspectos de pesquisa e compreensão do negócio em si quanto da confecção do manual da marca, que é a documentação do sistema de identidade visual.

Wheeler (2013) também destaca os pontos de contato entre a marca e o possível cliente. Como uma pessoa que nunca viu sua marca vai percebê-la? Com base nesse questionamento, devemos fazer a lição de casa e olhar para dentro, refletindo sobre como estão o *site* e as redes sociais da empresa e como se apresenta o produto.

Esses aspectos nos fazem pensar que o sistema de identidade visual é muito mais do que a padronização de símbolos, cores, tipografias etc. Ele precisa funcionar como o caminho para que todos os canais (ou pontos de contato) promovam a identidade da marca e da empresa. Por isso, a identidade visual deve ser pensada em um contexto de *branding*, uma estratégia que define como se comunicar por meio da marca.

Diante disso, neste último capítulo, abordaremos alguns aspectos da plataforma de marca, incluindo os seguintes itens: propósito, promessa, posicionamento e atributos de marca. Esses assuntos foram tratados brevemente nos capítulos precedentes e agora se tornarão mais palpáveis.

Em seguida, exploraremos os elementos relacionados à arquitetura de marca, que se refere à hierarquia necessária a uma empresa com diversas marcas em seu portfólio. Existem vários exemplos em todo o mundo, como a Procter & Gamble (P&G), que atua tanto no setor de alimentação quanto no de itens de higiene pessoal. Além disso, como podemos desenvolver marcas para uma empresa com o nome já consolidado? A arquitetura de marcas também nos ajuda a solucionar essa questão.

Como prometemos no capítulo anterior, também exploraremos as questões de propriedade intelectual e licenciamento de marca. Afinal, só devemos desenvolver metodologias de identidade visual após a verificação e registro da marca, certo? Caso contrário, corremos o risco de trabalhar e acabar tendo gastado recursos à toa. Esse tema tem relação com o que chamamos, no Capítulo 5, de *criação de marca*, mas também pode ser usado na gestão de marca, especialmente em processos de arquitetura e extensão.

Entender a arquitetura de marca é essencial para compreender a gestão de marcas ao longo da história do capitalismo. Isso porque exitem algumas poucas, mas gigantescas, empresas que são responsáveis por grande parcela das marcas disponíveis no mercado. Logo, o sistema oferece, em teoria, muitas opções de consumo, mas oriundas de uma mesma empresa ou um mesmo conglomerado.

Como é importante analisar o contexto atual da sociedade, também abordaremos os processos de mutação de marca e de *rebranding*. Nesse universo, devemos chamar a atenção para as estratégias de *marketing* digital e de produção de conteúdo para *web*. Ao final, vamos abordar algumas ferramentas (*sites*, aplicativos, organizadores) gratuitas que podem ser utilizadas durante todo o processo de elaboração do sistema de identidade visual e do manual da marca. Assim, quem sabe, a leitura desta obra não inspire você a aplicar na prática o processo, ainda que seja de uma empresa fictícia! Afinal, esse tipo de procedimento pode ajudar na construção de um portfólio!

6.2 Plataforma de marca

Conforme estudamos, *branding* é o valor da marca, ou seja, é o pensamento estratégico voltado ao negócio e requer investimento na imagem da marca e com o intuito de posicioná-la. A ideia central, nesse caso, é proporcionar uma visibilidade maior e, consequentemente, lucro, uma vez que vivemos em uma sociedade mediada por produtos e serviços que devem ser adquiridos.

As estratégias de *branding* procuram mapear a jornada do consumidor pensando na visibilidade, na percepção, na consideração, na conversão, na lealdade e na promoção de determinada marca.

Esse pensamento voltado para o consumo, que conversa diretamente com a identidade de marca, é definido pelo que chamamos de *plataforma de marca*: todo o conjunto de características que unifica uma marca e auxilia no reconhecimento e na conexão com os consumidores.

Existem várias maneiras de olhar para a plataforma de marca, mas, em geral, as principais características de unificação desse conjunto são: o propósito, a promessa, o posicionamento e os atributos de marca, ou seja, valores inegociáveis para uma empresa. Considerar essas questões é importante para diferenciar determinada marca em relação a outras. Portanto, não podemos pensar que o sistema de identidade visual será o único responsável por essa individualização. Nesse sentido, é possível dizer que a identidade de marca é constituída por aspectos mais tangíveis, mais "mão na massa", do que a plataforma de marca, já que esta consiste no conjunto de valores que queremos representar por meio da identidade visual, do sistema de identidade visual e, consequentemente, do manual da marca.

Elaborar a plataforma de marca não é, necessariamente, função do profissional de *design*. No entanto, ele deve conhecer o processo para conseguir conceber o sistema de identidade visual levando em consideração o que a empresa espera.

6.2.1 Propósito de marca

Conforme pontuamos, o propósito de marca é um dos elementos constitutivos da plataforma de marca. Porém, o que exatamente é o propósito de marca? Trata-se de saber por que a marca existe, ou seja, qual a razão de sua existência, o que motivou sua criação etc. O propósito de marca, portanto, é a definição do problema que a marca veio solucionar na vida dos consumidores.

Para entender esses propósitos, é necessário considerar não apenas a opinião dos fundadores e donos da empresa, mas também a dos colaboradores. Afinal, eles estão ali no dia a dia do negócio e acabam tendo um contato mais direto com os outros públicos envolvidos (externos, parceiros, concorrentes etc.).

De acordo com Elizete de Azevedo Kreutz (2012, p. 62),

As marcas são formas simbólicas que interagem com seus públicos para conquistá-los. Essa interação pode variar de intensidade de acordo com o posicionamento da marca, das características dos públicos e da sociedade em que está inserida, bem como dos meios técnicos de produção e transmissão das mensagens (contexto socio-histórico). Sendo assim, podemos afirmar que a marca é uma representação simbólica multissensorial, cujos significados são construídos socialmente por meio de discurso multimodal da mesma [sic].

Nesse processo de formulação do entendimento da plataforma de marca, é necessário praticar a escuta ativa, ou seja, pesquisar e compreender o que todos os públicos relacionados à marca pensam.

O propósito de marca é geralmente utilizado internamente para as tomadas de decisão. Serve para motivar os colaboradores e, também, para fazê-los compreender a função da marca no mercado. Em geral, não é divulgado para públicos externos, mas algumas marcas o utilizam como *tagline* ou *slogan*. Nesse caso, é necessário escutar ainda mais o público consumidor, a fim de fazer valer esse propósito.

Como o propósito de marca é, em geral, um elemento de constituição interna da empresa, é necessário conhecermos outro elemento, responsável por definir os valores apresentados para o público externo: a promessa de marca.

6.2.2 Promessa de marca

É possível afirmar que a promessa de marca é similar ao propósito de marca. A diferença reside no fato de a primeira ser direcionada ao público externo, ou seja, ao público consumidor, enquanto o segundo diz respeito à razão de existir para as pessoas vinculadas à empresa.

A promessa de marca é uma espécie de resumo daquilo que a empresa se compromete a fazer na prática para tornar seu propósito uma realidade na vida de seus clientes. É importante ter em mente que a promessa de marca não é uma descrição literal do que a empresa faz, pois se assemelha mais à missão da empresa. De qualquer forma, deve elucidar como a empresa gera e oferece valor. Quando pensamos nisso, fica fácil perceber que a promessa de marca deve oferecer um benefício atraente, ser original e, principalmente, manter-se, independentemente das circunstâncias.

Algumas promessas podem ser uma versão mais curta do posicionamento (que veremos a seguir, na Seção 6.2.3) e, de maneira geral, devem ser divertidas e memoráveis, ou seja, uma frase marcante facilmente lembrada por todos os consumidores. Façamos um exercício: veja, a seguir, alguns exemplos de promessas e tente lembrar a qual marca cada uma pertence[1]:

1. Tem 1001 utilidades.
2. Energia que dá gosto.
3. Todo mundo usa.
4. É impossível comer um só.

---

1   1. Bombril; 2. Nescau; 3. Havaianas; 4. Cheetos; 5. Petrobras; 6. Skol.

5. O desafio é a nossa energia.

6. A cerveja que desce redondo.

Esses exemplos mostram que a promessa de marca deve ser marcante e "grudar" na mente dos consumidores "como um chiclete". Assim, não importa qual seja o ponto de contato entre estes e a marca, eles sempre saberão o que esperar de determinado produto ou serviço. Portanto, podemos dizer que a promessa é o propósito de marca repaginado em forma de "frase de efeito", por isso deve ser elaborada pelo departamento criativo da empresa. É claro que, como *designers*, devemos pensar como essa promessa será utilizada nos materiais de divulgação.

6.2.3 Posicionamento de marca

O posicionamento de uma marca está relacionado ao que ela entrega de diferente para o mercado, levando as pessoas a acreditarem nela, portanto, trata-se da ação de trabalhar a imagem da marca de modo que esta ocupe um espaço singular no mercado e na mente dos possíveis clientes. Ao contrário da promessa, o posicionamento é um exercício interno e constante, não apenas uma frase que resume o que se espera da marca.

Aqui vale um parêntese: o posicionamento a que nos referimos se relaciona mais com o lugar "espacial" (e especial) ocupado pela marca do que com seu posicionamento de imagem. Ele deve projetar a marca como realizadora dos desejos dos consumidores, mas com determinado diferencial que a faz ocupar um lugar singular no segmento de mercado em que atua.

Além disso, o posicionamento, como visão e atuação perante o mundo, é fundamental para definir ações e gerir os riscos da empresa. Especialmente no contexto das redes sociais, uma atuação desastrosa pode causar muitos danos à imagem da empresa e causar quebras nos vínculos entre os colaboradores, que são essenciais para seu bom funcionamento. O consumidor atento é atraído por uma marca não somente pela qualidade do produto, mas também porque ela representa seus anseios e se posiciona com coerência em relação àquilo que ele acredita.

Isso tem a ver não só com respeitar as mínimas regras do mercado, mas também com a construção de um relacionamento duradouro. Dito isso, vale lembrar que, no universo digital e com o enorme acesso à informação, os consumidores se tornaram cada vez mais exigentes. Muitos deles se interessam em conhecer, inclusive, a cadeia de produção das marcas que consomem.

Nesse sentido, atualmente, é muito ruim para uma marca apresentar qualquer tipo de relação com trabalho análogo à escravidão, realizar testes em animais e praticar outras ações que podem ser determinantes para a quebra de sua imagem. Existem, inclusive, aplicativos[2] e *sites* que ranqueiam as relações entre marcas e atividades escusas. Assim, não adianta ter um ótimo discurso perante o mundo se ele não reflete as ações da empresa.

---

2   No universo da moda, por exemplo, podemos contar com o aplicativo "Moda Livre", que faz parte de uma campanha mundial de conscientização do público sobre a produção e o consumo da moda. O aplicativo está disponível para Android e iOS e apresenta todos os anos atualizações sobre as empresas envolvidas em trabalho análogo à escravidão e outras problemáticas da indústria. Assim, o consumidor pode verificar se determinada marca tem o nome sujo ou não (Moda Livre, 2021). Diante de tantas opções de marcas no mercado, é possível optar por empresas que sejam mais conscientes e respeitosas com os princípios do consumidor.

Para definir o posicionamento da marca, ou seja, em que lugar do mercado ela se encaixa, devemos responder às seguintes perguntas:

- Quem é o público-alvo, ou seja, a quem a empresa se dirige?
- Quais são os desejos do consumidor atendidos pela marca, ou seja, para quais "dores" do público a marca apresenta soluções?
- Qual é o fator que levará um possível cliente a virar consumidor?
- Que tipos de interações emocionais e racionais a marca proporciona para o público-alvo?
- Quais resultados o público pode esperar ao utilizar os produtos?
- Quem é o principal concorrente nesse segmento de mercado?
- O que diferencia a marca dos concorrentes?

As respostas a essas questões podem ser organizadas imageticamente em um mapa de posicionamento, um recurso bastante interessante para compreender o posicionamento de uma marca, especialmente em relação aos concorrentes.

Como dissemos, o posicionamento é uma ação interna e muito dificilmente os consumidores verão sua divulgação. No entanto, ele transparece na identidade da marca, visto que a relação dos consumidores com ela é da ordem da emoção e da razão, ou seja, eles querem ser conquistados afetivamente, mas também querem saber qual é o valor gerado pela marca.

Uma maneira de demonstrar esse posicionamento é por meio de uma declaração, conforme esquematizado no Quadro 6.1, exemplificando uma marca de cosméticos fictícia.

Quadro 6.1 – **Exemplo de posicionamento de marca**

Para:	pessoas que querem produtos para facilitar as etapas do *skin care* (tratamento de pele) cotidiano.
Marca de:	cosméticos.
O que entregamos:	produtos inovadores e multifuncionais que servem para todos os tipos de pele.
Para o consumidor sentir-se:	consumindo de maneira consciente, gerando menos gastos e menos lixo.
Somos diferentes de:	empresas normais de cosméticos, que oferecem muitos produtos para o uso cotidiano.
O que nós temos/somos/fazemos:	utilizamos a tecnologia cosmética mais avançada do mercado para entregar produtos que podem ser usados por todos e para vários propósitos.

Notamos, no exemplo do Quadro 6.1, que o posicionamento da marca mostra o ponto de diferenciação em relação a outras, o que a posiciona estrategicamente no mercado e na mente do consumidor. É importante internalizar esse guia, uma vez que ele indica o caminho a ser seguido por toda a comunicação da marca.

Entretanto, o posicionamento não é eterno, devendo adequar-se continuamente ao público e ao mercado, com o intuito de manter a relevância da marca. Isso porque os concorrentes também continuam jogando o jogo do mercado e, às vezes, podem aparecer competidores com melhores posicionamentos e atributos de marca e que entregam valores parecidos. Logo, é necessário adequar o posicionamento para enfrentar o mercado e o consumidor, que, como indicamos, pode mudar continuamente de opiniões sobre as marcas.

A mudança de posicionamento pode ser transmitida para o público, afinal, isso pode determinar a continuidade da relação. Por isso, as comunicações da empresa podem ser voltadas para mostrar aos consumidores as razões para acreditar em mudanças de posicionamento. Nesse quesito, é possível utilizar algumas estratégias, como dar provas sociais, ou seja, mostrar para os consumidores como estão sendo feitas as mudanças dentro do segmento de mercado, indicando que há uma preocupação na adequação do propósito e da promessa da marca.

6.2.4 Atributos de marca

O último elemento da plataforma da marca são os atributos, isto é, seus valores inegociáveis. Eles determinam não só as formas de comunicação da empresa, como também o modo de trabalho dos colaboradores.

Assim, esses atributos precisam ser palpáveis e devem estar esclarecidos para todos, sendo, portanto, completamente voltados para a ação. Eles são especialmente importantes nas atividades de comunicação da marca, pois, ao sabermos como ela se comunica, podemos ajudar os colaboradores a, por exemplo, responder a comentários em redes sociais, atender na central de atendimento ao consumidor etc.

Muitas empresas sentem uma quebra de identidade de marca especialmente nesses contatos diretos entre o colaborador e o consumidor, ou seja, nos pontos de contato. Por isso, acreditamos ser fundamental que os atributos sejam espelhados no trato dos colaboradores, de modo que estes possam ser, também, promotores da marca. As pessoas confiam mais na marca se sentirem que os colaboradores também confiam. Afinal, não há coisa mais chata do que reclamar da empresa para o atendente e ele reclamar junto, não é? Isso pode resultar em desconfiança por parte dos consumidores. Então, no mundo ideal, os colaboradores devem também ser conscientizados sobre a importância da marca para que apresentem engajamento.

> Existe um termo para a aplicação de estratégias de *branding* também no processo de contratação de pessoas para a equipe: *Employer Branding*, isto é, a gestão de imagem da empresa como marca empregadora. Essa estratégia ajuda a diminuir os custos para a atração de talentos e contribui para conquistar os candidatos ideais. Assim, a empresa reduz o esforço do setor de recursos humanos e melhora a percepção da marca como um todo. Por isso, todos os anos, vários institutos de pesquisa revelam *rankings* de "Melhor empresa para trabalhar" e similares. Essa estratégia de *branding* voltada para o público interno é interessante no contexto global, em que existem muitas marcas concorrentes, pois auxilia no processo de escolha de candidatos ideais para a marca no presente e no futuro.

6.3 Arquitetura de marca

A esta altura, você já é capaz de perceber a complexidade da administração de uma marca e, consequentemente, de sua imagem. Nesse universo, também encontramos o conceito de arquitetura de marca, uma estratégia para organizar todas as marcas e submarcas, os produtos, os serviços e outras atividades que uma determinada empresa oferece. A arquitetura é importante para estabelecer a marca não só em seu segmento de mercado, mas também na mente dos consumidores.

Então, se determinada marca apresenta um amplo catálogo de produtos, estabelecer essa estratégia é fundamental. Além disso, mesmo com relação às pequenas empresas, esse tipo de conhecimento pode ajudar a ampliar e planejar a inserção de novos produtos e serviços no mercado.

A arquitetura de marca é, portanto, um sistema de organização que visa facilitar o reconhecimento de produtos e serviços, em seus diversos segmentos de mercado, pelo público-alvo. Esse tipo de estratégia acaba gerando uma hierarquia de marcas, com o intuito de organizá-las com base nas metas da empresa. Além disso, é focada no reconhecimento, pois marcas hierarquizadas acabam contribuindo para fortalecer o prestígio da marca-mãe, ou seja, aquela que deu origem a todas as outras.

De acordo com a agência Inkbot Design (2017, tradução nossa),

Arquitetura de marca denota uma maneira pela qual as empresas, geralmente grandes corporações multimilionárias (e bilionárias), estabelecem sua marca em relação aos seus vários produtos, às suas equipes de marca, às suas marcas endossadas, às suas submarcas e às inúmeras relações entre todas elas.

Quando tudo isso é colocado no papel, fica óbvio que se trata de uma entidade com arquitetura própria, em que você tem os elementos que encontraria em um edifício – fundações, suportes, telhado e até as janelas por onde os consumidores podem espreitar dentro.

Diferentes abordagens da arquitetura de marca influenciarão as maneiras pelas quais uma empresa aborda o lançamento de novas marcas, a compra e integração de outros negócios e a criação de uma mensagem a ser transmitida aos consumidores, aos parceiros, aos acionistas e, até mesmo, à concorrência.

A Coca-Cola, a Unilever e a P&G são exemplos de marcas-mãe (ou primárias) e algumas de suas submarcas (ou marcas secundárias) chegam, inclusive, a distanciar-se estrategicamente delas, pois existem diferentes tipos de estruturas e níveis de conexões entre as marcas. De maneira geral, é importante pensar em duas definições de aplicação da arquitetura de marca: a hierarquia estrutural, ou seja, a consonância do portfólio de marcas; e a identificação visual, que se refere à similaridade ou não dos elementos visuais das marcas, ou seja, os elementos do sistema de identidade visual (logotipo, assinatura visual, tipografias etc.). Nesse sentido, é fundamental para o *designer* compreender as particularidades da marca, suas relações com as outras marcas da mesma empresa e quais dessas relações seria interessante demonstrar no sistema de identidade visual.

Figura 6.1 – **Exemplo de organização de arquitetura de marca**

Como a arquitetura de marca está relacionada aos planos de expansão da empresa, ela pode ser pensada estrategicamente de maneira horizontal ou vertical. No Quadro 6.2, a seguir, apresentamos alguns dos modelos mais comuns para essa estratégia.

Quadro 6.2 – **Modelos de arquitetura de marca**

Casa de marcas

Refere-se às marcas que são totalmente independentes. A arquitetura prevê essa autonomia de elementos, ou seja, existe uma marca primária e outras secundárias, mas cada uma delas apresenta sua própria estratégia de *branding* e de *marketing*. Nesse caso, é interessante observar os logotipos e os elementos visuais da marca para perceber que eles não são similares, assim como as estratégias de promoção.
Conforme a Inkbot Design (2017, tradução nossa),

Marcas de produtos individuais são o que a P&G fez tão bem ao longo dos anos.

São marcas independentes, sem qualquer conexão visível com a marca-mãe.

Por exemplo, a grande maioria das pessoas não tem ideia de que a P&G está por trás da marca Pampers.

Marcas que são promovidas como marcas de produtos individuais precisam ser fortes o suficiente para encontrar seu próprio lugar no mercado, sem cair na força de sua marca corporativa.

Essas marcas também são mais versáteis e são mais fáceis de continuar promovendo, caso sejam vendidas para outra pessoa jurídica.

(continua)

200

(Quadro 6.2 – continuação)

Endosso

A arquitetura do endosso acontece quando a marca-mãe empresta sua relevância para outras marcas, mas ainda mantém sua independência. É o caso de muitas empresas de tecnologia, por exemplo, a Apple. A relação entre as marcas endossadas e as primárias fica evidente nos elementos visuais, na semelhança de logotipos e assinaturas visuais etc. Nesses casos, as estratégias de promoção apresentam tanto aspectos de interação quanto de autonomia.

Marcas endossadas e submarcas são marcas em que a marca corporativa está incluída na criação da nova marca, mas que também se destacam por conta própria, como uma entidade separada (em oposição a marcas lançadas dentro de uma estrutura de marca corporativa).

[...]

As marcas endossadas dependem um pouco menos da marca corporativa [em relação às submarcas], embora sua natureza estabelecida forneça algum respaldo à marca endossada.

Nescafé da Nestlé é um ótimo exemplo de marca endossada.

É um meio-termo perfeito em que uma nova marca recebe muito da leveza de sua marca-mãe, mas que também é única o suficiente para funcionar por conta própria.

A principal desvantagem dessas marcas é que elas têm que corresponder às expectativas dos consumidores em relação à marca-mãe.

Além disso, sem valor real para o consumidor, tal marca não pode ter sucesso por conta própria, apesar do endosso da marca-mãe. (Inkbot Design, 2017, tradução nossa)

201

(Quadro 6.2 – conclusão)

Submarca

Na estratégia de arquitetura, chamamos de *submarcas* as marcas que são próximas às marcas primárias, mas oferecem produtos e serviços para públicos diferentes: Esse tipo de *branding* é utilizado por empresas que encaram o mundo como uma marca corporativa forte que permeia tudo o que fazem. O Virgin Group faz isso fantasticamente bem, já que cada empreendimento deles vem com o prefixo Virgin.

Esse tipo de *branding* garante que novas marcas da mesma empresa sejam aceitas quase que instantaneamente, por compartilharem certas características com o resto das marcas que pertencem à empresa.

A marca corporativa também economiza muito dinheiro em termos de *marketing*, uma vez que as mesmas mensagens podem ser usadas para uma variedade de marcas da empresa.

A principal desvantagem desse tipo de *branding* é que pode ser difícil para as marcas "fazerem seu nome", pois estão sempre à sombra da marca corporativa. (Inkbot Design, 2017, tradução nossa)

Monolítico

Trata-se do sistema de organização em que a marca primária é bastante presente, ou seja, todas as submarcas são facilmente reconhecíveis como sendo da rede da marca--mãe, com elementos visuais muito similares, *slogans* parecidos e outros elementos que se diferenciam muito pouco. É o caso, por exemplo, do Banco do Brasil e seus produtos Ourocard, Banco do Brasil Previdências, Seguros etc. Nesse esquema de arquitetura, toda a estratégia de *branding* é centralizada na marca primária e isso inclui os elementos visuais, é claro.

Fonte: Elaborado com base em Inkbot Design, 2017.

6.3.1 Extensões de marca

Dentro da arquitetura de marca, encontramos o que chamamos de *extensões de marca*, ampliações de uma marca-mãe com a intenção de preservar seu interesse mesmo diante de mudanças no mercado, na economia e no comportamento do consumidor. Podemos classificá-las da seguinte maneira:

- **Extensões de linha**: a marca amplia seu alcance no mesmo segmento de mercado. Por exemplo, o Google, no segmento da tecnologia, oferece desde produtos digitais até equipamentos (óculos, *tablets*, computadores etc.).
- **Extensões de categoria**: a marca primária cria produtos para segmentos de mercado diferentes. Um exemplo é o segmento de moda da marca Coca-Cola, que mantém, inclusive, a mesma identidade visual.

Assim, é possível verificar que o processo de extensão de marca consiste em uma tarefa bastante complexa, uma vez que pode ocasionar vários problemas, como a necessidade de enfrentar um novo público-alvo, que desconhece o valor da empresa; a possibilidade de perder a objetividade das comunicações entre a marca e o público, uma vez que este terá de entender até que ponto vai a marca; eventuais problemas para suas próprias marcas etc.

Nesse sentido, devemos reforçar o posicionamento da marca primária e pensar estrategicamente em quais elementos dele se quer ampliar. Além disso, é fundamental pensar em táticas de comunicação capazes de fazer o público compreender a expansão e analisar todos os impactos para a marca primária. No entanto, uma vantagem da extensão é espelhar o valor da marca primária para as outras e, assim, perpetuar a confiança dos consumidores.

6.4 Propriedade intelectual

Todos os aspectos discutidos neste livro, desde os elementos da identidade visual até a criação e gestão de marcas e estratégias de *branding*, passam pela questão do registro de propriedade. No Brasil, encontramos organismos responsáveis exclusivamente pelo registro de patentes, direitos autorais etc. No universo das marcas, esses registros são essenciais, pois impedem a utilização indevida por terceiros e garantem sua autenticidade e sua identificação.

A garantia dos direitos de uso e associação só é possível por meio do registro de propriedade intelectual e de propriedade industrial. No caso das marcas, esse registro é realizado pelo Instituto Nacional de Propriedade Industrial (Inpi). No próprio *site* do instituto, é possível iniciar e acompanhar o processo (Inpi, 2021), além de utilizar um sistema de busca, para que se possa identificar marcas já registradas. Segundo a página, não é possível registrar uma marca muito parecida com uma registrada por outra pessoa, e isso é válido, inclusive, para as identificações de produtos ou serviços similares.

A propriedade intelectual é essencial no contexto do capitalismo, já que assegura a recompensa para as criações pessoais e para os conhecimentos gerados. O registro de propriedade intelectual é utilizado em vários aspectos da vida humana, ou seja, inclui desde a invenção de produtos até a criação de obras artísticas.

A convenção da Organização Mundial da Propriedade Intelectual (Wipo, na sigla em inglês) define propriedade intelectual como

a soma dos direitos relativos às obras literárias, artísticas e científicas, às interpretações dos artistas intérpretes e às execuções dos artistas executantes, aos fonogramas e às emissões de radiodifusão, às invenções em todos os domínios da atividade humana, às descobertas científicas, aos desenhos e modelos industriais, às marcas industriais, comerciais e de serviço, bem como às firmas comerciais e denominações comerciais, à proteção contra a concorrência desleal e todos os outros direitos inerentes à atividade intelectual nos domínios industrial, científico, literário e artístico. (Wipo, citado por O que é..., 2021)

Nesse sentido, a propriedade intelectual se divide em três principais categorias: o direito autoral, a propriedade industrial e a proteção *sui generis*, detalhadas no Quadro 6.3, a seguir.

Quadro 6.3 – **Categorias de direito intelectual**

Direito autoral
No Brasil, essa categoria foi criada para proteger as relações entre o criador e suas criações. É destinado, especialmente, ao campo das artes, que inclui todo tipo de criação artística do universo literário e científico, das artes visuais, da música, da fotografia etc. É regulamentado pela Lei n. 9.610, de 19 de fevereiro de 1998 (Brasil, 1998), também chamada de *Lei de Direitos Autorais*, que prevê as recompensas resultantes do uso e da exploração da criação. Esse registro pode ser feito por pessoa física ou jurídica e é dividido em duas categorias: o direito moral e o patrimonial. O direito moral é feito para garantir a autoria de qualquer obra intelectual e tem valor intransferível e irrenunciável. Já o direito patrimonial se refere ao uso econômico da obra intelectual e pode ser cedido ou transferido a terceiros.

(continua)

(Quadro 6.3 – continuação)

Propriedade industrial

Esse tipo se refere tanto ao registro de um produto novo quanto ao registro de uma marca. É regulamentado pela Lei n. 9.279, de 14 de maio de 1996 (Brasil, 1996), também conhecida como *Lei de Propriedade Industrial* (LPI), que assegura a exclusividade. A propriedade industrial protege marcas, patentes, desenhos industriais, indicações geográficas, programas de computador, averbações de contratos e franquias e topografias de circuitos.

O registro de marca é o campo de atuação feito por meio de um documento emitido pelo Inpi que concede a exclusividade de recompensa e atuação da marca em todo o território nacional. Assim, ela só pode ser utilizada com permissão de seus titulares. Esse título de registro, como seu nome sugere, é uma propriedade. Então, pode ser vendido, doado ou herdado.

O trâmite do registro de propriedade industrial leva em média um ano para ser finalizado e concede ao titular o direito de exclusividade por 10 anos renováveis de maneira ilimitada. É muito importante fazer o registro e atualizá-lo sempre que necessário, pois isso impede que outras pessoas se apropriem de sua marca. O registro de marca pode ser realizado por qualquer pessoa física ou jurídica, desde que tenha um comprovante de vinculação com a marca.

Proteção *sui generis*

Destinado ao registro de obras de topografia de circuito integrado, do cultivar e do conhecimento tradicional:

Cultivar corresponde à variedade de qualquer gênero ou espécie vegetal superior que seja claramente distinguível de outras conhecidas, que seja homogênea e estável através de gerações sucessivas e seja passível de uso pelo complexo agroflorestal.

[...]

(Quadro 6.3 – conclusão)

Proteção *sui generis*

Topografia de circuitos integrados significa uma série de imagens relacionadas, construídas ou codificadas sob qualquer meio ou forma, que represente a configuração tridimensional das camadas que compõem um circuito integrado e na qual cada imagem represente, no todo ou em parte, a disposição geométrica ou arranjos da superfície do circuito integrado em qualquer estágio de sua concepção ou manufatura. A vigência da proteção do registro da topografia dos circuitos integrados é de dez anos, igual ao desenho industrial.

[...]

Entende-se por conhecimentos tradicionais todas as formas de expressões, práticas, costumes, crenças e conhecimentos produzidos ao longo dos anos, passados de geração em geração, por determinada comunidade. São formas de desenho, celebrações, rituais e métodos para produção de alimentos, pratos e medicamentos a partir de recursos naturais.

Os conhecimentos tradicionais têm merecido a atenção das discussões nos fóruns internacionais e aos poucos alguns avanços têm sido registrados. Estas discussões enfatizam a necessidade de garantir aos povos detentores desses saberes a repartição equitativa dos benefícios oriundos da utilização comercial dos seus conhecimentos.

(Proteção..., 2016)

Fonte: Elaborado com base em Brasil, 1996; 1998; Proteção..., 2016.

Portanto, toda pesquisa de criação de marca ou *rebranding* deve passar obrigatoriamente pela análise de registros de marca no *site* do Inpi, especialmente em relação à nomeação. Vale a pena, inclusive, testar nomes parecidos, a fim de evitar que o registro seja recusado por similaridade.

6.5 Licenciamento de marca

Outro aspecto interessante da gestão e da criação de marcas é o licenciamento. Esse serviço é realizado por meio de um contrato que permite a utilização de determinada marca e sua imagem, ou seja, qualquer propriedade intelectual registrada. Para facilitar a compreensão, basta pensar, por exemplo, nos personagens dos desenhos de Walt Disney. Muitos são licenciados a outras marcas (de roupas, sapatos, roupas de cama etc.) por um determinado período e mediante o pagamento, definido por questões contratuais (valor sobre as vendas, prestação de serviços etc.).

O licenciamento de marca é muito interessante em contextos em que se quer agregar o valor de uma marca a outra. Por isso, essencialmente, o licenciamento é realizado por uma marca já consolidada e memorável. Assim, esse processo pode trazer valor para marcas novas e/ou em crescimento.

O processo de licenciamento não é tão simples, já que as marcas primárias analisam detalhadamente as vantagens de relacionarem-se com outras. Na verdade, essa relação pode gerar vantagens e desvantagens para ambas as partes.

Identificamos, a seguir, ao menos seis fases do trâmite de licenciamento:

1. **Percepção**: observar o comportamento de consumo do público com relação aos produtos licenciados e verificar se isso agrega ou não mais valor ao produto e à marca.

2. **Logística**: mapear o comportamento de consumo geograficamente, analisar o público que se pretende alcançar, estabelecer os fornecedores dos produtos e ter visão estratégica sobre o público-alvo.

3. **Mensagem**: estabelecer como é a comunicação da marca com o cliente ou consumidor, ou seja, qual é o sistema de identidade visual e como esses aspectos estão presentes na vida do público interno e externo. Lembre-se da importância do manual de marca e da plataforma de marca!

4. **Meio**: pensar de que maneira a mensagem será transmitida, ou seja, os pontos de contato entre a marca e o consumidor.

5. **Recursos financeiros**: plancjar as possibilidades de execução do projeto, considerando desde a compra de direitos para licenciamento até a revisão de materiais de promoção e divulgação etc.

6. **Avaliação**: metrificar e avaliar os resultados atingidos pela marca, considerando as metas estabelecidas no começo do planejamento.

No processo de licenciamento, o negócio disponibiliza seu manual, para que a marca licenciada possa ter seus parâmetros visuais obedecidos. Lembre-se de que é preciso manter a composição da assinatura visual correta, além de conhecer as tipografias, as cores institucionais etc. O processo de licenciamento também deve respeitar os elementos visuais da marca.

6.6 Marcas mutantes

A construção de uma marca está relacionada ao desejo de organizar os aspectos elementares de uma empresa ou organização, a fim de individualizá-la no contexto global. Nesse processo de construção, definimos a identidade de marca, que é o conceito em si. Quando ampliamos esse conceito, chegamos ao sistema de identidade visual que o traduz para o público. Desse modo, o sistema de identidade visual serve para transmitir a essência da marca, com o intuito de fazê-la ser percebida por meio de representações gráficas.

Em um contexto globalizado e com muitas marcas, estas destilam seus conceitos na afetividade, para tornar a relação com o público mais duradoura. Se uma marca consegue estabelecer esse vínculo sentimental, sua identidade e sua mensagem foram construídas com sucesso, e a identidade visual cumpriu seu papel de fixar a representação da marca na mente do consumidor.

Todas as combinações de pontos de contato (*websites*, anúncios, serviços, interações etc.) constroem o conceito da marca. Além disso, como verificamos reiteradamente neste livro, é necessário um processo estratégico de organização de marca (*branding*), que a faz ser considerada única e deve levar em consideração o fato de que as marcas existem em um determinado contexto histórico-social. Portanto, elas acompanham os processos evolutivos do mercado e do mundo e, é claro, a evolução das técnicas e das metodologias de comunicação. Nesse sentido, basta pensar em como o universo virtual trouxe novos comportamentos tanto para as marcas quanto para os consumidores.

Segundo Kreutz (2012, p. 62), esses múltiplos comportamentos culturais acabaram despontando em

dois grandes blocos de identidades visuais corporativas: as convencionais e as não convencionais. As manifestações convencionais, que se subdividem em tradicionais e modernas, caracterizam-se pela rigidez na forma de identificação dentro dos modelos positivistas, pela padronização, pela crença no progresso linear e nas verdades absolutas, pelo cultivo do eterno e do imutável; as não convencionais, as pós-modernas, caracterizam-se pela flexibilidade e a dinamicidade da forma, pela heterogeneidade e, fragmentação, pluralismo, indeterminação, pelo efêmero e fugidio que indicam vestígios de identificação em constante reformulação.

Para a pesquisadora, existem construções de identidades estereotipadas, arbitrárias e mutantes. A identidade estereotipada é aquela que tem como vantagem o rápido reconhecimento do público, pois o símbolo, o significado e o nome da marca já estão no subconsciente do consumidor. Esse tipo, porém, apresenta a desvantagem de a diferenciação estar intimamente relacionada aos processos históricos da marca (Kreutz, 2012).

Já a identidade arbitrária "impõe um determinado símbolo que não pertence ao imaginário coletivo, ao sintetizar uma nova forma" (Kreutz, 2012, p. 62). A vantagem desse tipo de identidade é a exclusividade, ou seja, o aspecto que a diferencia de outras marcas. No entanto, isso nos leva a uma desvantagem: a necessidade de um alto investimento em estratégia para que a marca passe a fazer parte do imaginário coletivo.

Por fim, chegamos às marcas mutantes, uma prática bastante atual e considerada uma revolução em termos de inserção comercial de marca:

> A Mutante é uma prática comunicacional contemporânea e é considerada a (r)evolução da representação: aberta, inovadora, artística, indeterminada, subjetiva, um jogo de ecletismos. É a natureza emocional da marca. É uma tendência crescente de estratégia comunicacional e branding, porém não consolidada e que muitas vezes provoca conflitos e dúvidas entre os profissionais de *brand/branding*.
> [...]
> As Marcas Mutantes podem ser Programadas ou Poéticas. As Programadas são aquelas cujas determinadas variações/mutações ocorrem por um tempo também determinado. As Poéticas são aquelas cujas variações ocorrem espontaneamente, sem regras predeterminadas, obedecendo apenas ao intuito criativo do designer, mas gerando uma comunhão com o espectador que interage para interpretá-la. (Kreutz, 2012, p. 62-63)

A ideia principal das marcas mutantes é convidar o público a interagir com elas. Na Google, por exemplo, existe uma equipe dedicada a pensar e a mudar o logotipo da página de busca de acordo com temáticas, datas históricas, personagens ilustres etc.

A interação, nesse caso, é feita por meio do desenho e da curiosidade do público em descobrir a motivação da mudança de logotipo momentaneamente. Aliás, o logotipo mutante é um *link* para informações sobre o assunto retratado.

Então, por exemplo, se, em um determinado dia, um personagem histórico nasceu ou faleceu, o logotipo da Google é transformado em uma imagem, um joguinho etc. em homenagem a ele. Essa mutação é chamada de *doodle* e, em vários momentos, as pessoas reforçam a marca por causa de seu sucesso. Esse esquema de mutação de marca da Google é interessante, porque podemos identificar uma total liberdade criativa ao mesmo tempo em que os elementos visuais estão conectados com o contexto e com o público. Além disso, é uma maneira de enfatizar mais o aspecto afetivo da marca, pois estabelece uma relação emotiva entre os personagens e acontecimentos destacados e seu público cotidiano.

É claro que esse processo de construção da representação visual mutante deve considerar informações básicas do negócio, como os valores, a cultura, os objetivos e o público. Para que se chegue ao reconhecimento e ao desenvolvimento da marca mutante, Kreutz (2012, p. 63-64) aponta sete fases:

1. Identificar a natureza/essência da marca: cada marca possui sua visão de mundo e sua missão nele e desenha sua personalidade ao longo de sua existência pelo seu discurso multimodal.

2. Determinar a percepção de marca desejada: a organização necessita determinar qual é a imagem que deseja que os públicos tenham da marca. Esta determinação da percepção desejada também é conhecida como identidade (global) da marca, é o que a marca diz ser.

3. Considerar as características desejáveis: as mais recorrentes de uma visão, conceito, originalidade, significado claro, persuasivo, memorável, usabilidade (cores apropriadas, adequados em PB, adequados para veículos, adequado para mídia, renderizável em 3D, pronunciável) e dinamismo.

4. Determinar a IV Base: a função da IV é a representação visual da essência da marca, ou seja, ela deve ser a síntese gráfica dos valores da organização e poderá conter: nome, tipografia, símbolo e cores. E o esqueleto, é a identidade principal registrável no INPI (Instituto Nacional de Propriedade Industrial) e da qual poderão surgir as mutações.

5. Características Mutantes: as mais recorrentes são fragmentação, cor, tipografia, forma, nome/palavra, movimento, entre outras.

6. As coleções de IVM: coleções das variações de uma IV sobre o mesmo tema.

7. Campo Interativo: abertura dada para que o público interaja com a marca. A interação pode ser interpretativa e ou [sic] apropriativa [sic] (ação de modificar graficamente a marca).

É possível dizer que não existem limites para transformar as marcas, pois as mudanças podem ser em diferentes elementos da identidade visual (tipografia, logotipo etc.). A ideia de criar uma marca mutante consiste em pensar que ela pode ser livre, mas sempre com traços que ainda determinem seu reconhecimento e sua singularidade.

Nesse sentido, se o *designer* precisa desenvolver uma marca mutante, é importante pensar em elementos que não limitem seus aspectos visuais. Então, vale a pena investir em elementos mais simples, menos estilizados, com menos cores etc.

Além disso, por mais que uma marca seja mutante, ainda será necessário criar uma base de identificação, um sistema de identidade visual e um manual de marca, pois esses processos auxiliam no conhecimento da marca. Tal processo é um verdadeiro mergulho no conceito da marca, trazendo sempre bons resultados. Aliás, esses procedimentos são necessários, inclusive, por questões de propriedade intelectual, já que o Inpi ainda requer o registro com base em regras referentes aos padrões da marca, ou seja, o organismo não prevê uma marca mutante.

Logo, como bem pontua Kreutz (2012), o planejamento de uma identidade visual mutante deve ser feito com elementos visuais fixos que, efetivamente, deixarão a marca singular. "Além destes, que são percebidos pelos nossos sentidos, a Identidade Visual é constituída por uma aura que deve ser sentida, compartilhada, fazer sentido. Pois, mais do que ser identificada, ela deve provocar a identificação de quem a percebe" (Kreutz, 2012, p. 64).

0.7 Ferramentas para o desenvolvimento de sistemas de identidade visual

Um aspecto interessante do universo das marcas são as inúmeras ferramentas de criação *on-line* e *off-line*. Seria possível um livro apenas sobre esse tema. Porém, como cada *designer* escolhe suas próprias ferramentas ao longo de seu histórico profissional, decidimos destacar três ferramentas gratuitas que podem ser úteis e que contemplam todas as etapas que descrevemos neste livro, da criação ao negócio:

- **Notion**: ferramenta *on-line* de organização ideal para gestão de projetos nas mais diferentes metodologias (como a Kanban[3]). Também apresenta calendários, lembretes, *links* etc. É um sistema completo de gestão de conhecimento e muito utilizado na área de *design* (Notion, 2021).

---

3 Método que visa aumentar a eficiência de produção, otimizando o sistema de tarefas e de produção. Ele funciona por meio de cartões de tamanhos e cores diferentes que designam e especificam tarefas.

- **Miro**: plataforma *on-line* e aplicativo de colaboração visual em que é possível criar quadros com esquemas, fluxogramas, *post-its*, tabelas, gráficos, imagens etc. É muito útil nas etapas de *briefing* e de elaboração dos elementos da identidade visual (Miro, 2021).
- **Canva**: uma das melhores plataformas (com versão para celular) para criar imagens para internet. Sua versão gratuita dá acesso a milhares de modelos, que podem ser transformados em relação à tipografia, às cores, aos fundos etc. É muito interessante para criar o *design* de imagens para redes sociais, pois a plataforma já oferece o tamanho e a resolução certos (Canva, 2021).

O universo da identidade de marca e da identidade visual é muito complexo. Por isso, neste livro, abordamos diferentes saberes que podem ser determinantes para facilitar o dia a dia do profissional do *design* e para fazê-lo alçar voos maiores. Desse modo, foi importante discutirmos questões do manejo criativo, tais como símbolos, cores, proporções, composições etc., assim como foi essencial entendermos a parte de negócios por trás do desenvolvimento do sistema de identidade visual.

Como assinalamos, existem várias metodologias que servem de plataforma para o mergulho na essência da marca. Elas nos auxiliam a elaborar as etapas de trabalho, prever os recursos necessários e o tempo do processo todo. Por isso, o profissional do *design* trabalha por projetos, o que, é claro, demanda muita pesquisa e organização. Portanto, além do talento em artes gráficas, o *designer* deve ter visão de negócio. Neste livro, buscamos perpassar todas essas questões e esperamos ter ajudado no entendimento das competências necessárias para o desenvolvimento da identidade visual de uma marca.

Considerações *finais*

Os sistemas de identidade visual, as metodologias de criação e os aspectos que, em conjunção, permitem o desenvolvimento do tema são conceitos e práticas comuns e difundidas no mercado. Nesse sentido, este livro apresentou uma série de indicações de práticas, mostrando que conhecer as peculiaridades da identidade visual é essencial no mercado da comunicação, da criação e da gestão de marcas no Brasil e no mundo.

Sendo assim, qualquer bom profissional deve continuar exercendo seus estudos, considerando as novas tecnologias, as novas ferramentas e os novos modos de narrar a experiência e a jornada do consumidor com relação a determinada marca.

Por isso, nesta obra, exploramos conhecimentos sobre a elaboração da identidade visual, considerando, inclusive, os aspectos artísticos e de negócio, essenciais para a disciplina. Desse modo, buscamos articular diferentes conhecimentos sobre as teorias e práticas desenvolvidas no Brasil e no mundo, daí a importância de autores e pesquisadores como Alina Wheeler e Maria Luísa Peón.

Este livro se guiou pela ideia de conectar o aluno ao universo do *design* de identidade visual, fazendo-o perceber a necessidade de conhecer e apresentar diferentes competências. Por isso, o conteúdo foi dividido em seis capítulos, que podem ser lidos (preferencialmente) de maneira sequencial, mas também de forma independente.

No Capítulo 1, explicitamos as características da identidade visual e de marca, chamando atenção para a importância dos parâmetros simbólicos das formas, da sintaxe visual, do ponto, da linha, das cores etc. Além disso, abordamos os aspectos da identidade de marca, por meio da análise da gestão de marcas e identidade corporativa.

O Capítulo 2 explorou os componentes da identidade visual, tais como os sinais e os símbolos, privilegiando os aspectos da tipografia e do *storytelling*. Já o Capítulo 3 aprofundou as questões artísticas relacionadas aos conteúdos apresentados até então, por meio dos elementos de composição visual (regra dos terços, simetria, segmentação etc.). Assim, conseguimos explorar as relações entre a arte e o *design*, finalizando o entendimento criativo da disciplina.

Na sequência, o Capítulo 4 adentrou o universo dos negócios, evidenciando os objetivos de criação de uma proposta de identidade visual. Por isso, trouxemos conceitos relacionados à prática do *designer*, considerando a matriz de identidade da marca, pontos de contato e elementos da identidade visual.

O Capítulo 5, por sua vez, fez a conexão entre o manejo criativo e a inteligência de negócios por meio das metodologias de identidade visual e das estratégias de comunicação de *branding*. Finalizando a obra, o Capítulo 6 continuou a abordagem dos aspectos de negócio de marca, com a discussão de pontos fundamentais da plataforma e da arquitetura de marca.

A leitura deste livro possibilita o contato com os diferentes conhecimentos necessários para a elaboração de um sistema de identidade visual, de modo a reconhecer os diversos caminhos que a profissão do *designer* pode seguir. Assim, faz-se possível identificar estratégias e aplicações que podem ser usadas na confecção de um portfólio ou no dia a dia profissional.

*Refe*rências

ABC DA COMUNICAÇÃO. **Relatório do comportamento do consumidor online em 2018**. 2019. Disponível em: <https://www.abcdacomunicacao.com.br/wp-content/uploads/Relato%CC%81rio-Social-Miner.pdf>. Acesso em: 19 maio 2021.

ACOM, A. C. Experiência estética: a moda em algumas intersecções com a arte futurista e surrealista. **Iara**: Revista de Moda, Cultura e Arte, São Paulo, v. 3, n. 3, p. 274-291, 2010.

ALVES, L. S. **Sistema de identidade visual para a valorização do planetário da UFRGS**. 134 f. Trabalho de Conclusão de Curso (Graduação em Design Visual) – Universidade Federal do Rio Grande do Sul, Porto Alegre, 2018. Disponível em: <https://lume.ufrgs.br/bitstream/handle/10183/193905/001091503.pdf?sequence=1&isAllowed=y>. Acesso em: 19 maio 2021.

AMOR por contrato. Direção: Derrick Borte. Estados Unidos: Roadside Attractions, 2009. 96 min.

ARGAN, G. **Arte moderna**. Tradução de Denise Bottmann e Federico Carotti. São Paulo: Cia. das Letras, 1992.

ARNHEIM, R. **Arte e percepção visual**: uma psicologia da visão criadora. São Paulo: Pioneira, 2000.

BARTHES, R. **A câmara clara**: notas sobre a fotografia. Rio de Janeiro: Nova Fronteira, 1984.

BENJAMIN, W. **Magia e técnica, arte e política**: ensaios sobre literatura e história da cultura. Tradução de Hemerson Alves Baptista e José Carlos Martins Barbosa. 7. ed. São Paulo: Brasiliense, 2012.

BRANDING: lição de compromisso com as marcas e a sociedade. **Blogando**, 22 out. 2016. Disponível em: <https://medium.com/blogando/branding-li%C3%A7%C3%A3o-de-compromisso-com-as-marcas-e-a-sociedade-9627efdf5ce4>. Acesso em: 19 maio 2021.

BRASIL. Lei n. 9.279, de 14 de maio de 1996. **Diário Oficial da União**, Poder Legislativo, Brasília, 14 maio 1999. Disponível em: <http://www.planalto.gov.br/ccivil_03/leis/l9279.htm>. Acesso em: 19 maio 2021.

BRASIL. Lei n. 9.610, de 19 de fevereiro de 1998. **Diário Oficial da União**, Poder Legislativo, Brasília, 20 fev. 1998. Disponível em: <http://www.planalto.gov.br/ccivil_03/leis/l9610.htm>. Acesso em: 19 maio 2021.

CAMEIRA, S. R. **O branding e a metodologia de sistemas de identidade visual**. 428 f. Dissertação (Mestrado em Arquitetura) – Universidade de São Paulo, São Paulo, 2013. Disponível em: <https://teses.usp.br/teses/disponiveis/16/16134/tde-28012014-100230/publico/Sandra_Cameira_ME.pdf>. Acesso em: 19 maio 2021.

CANVA. Disponível em: <https://www.canva.com/>. Acesso em: 19 maio 2021.

CESAR, N. **Direção de arte em propaganda**. 3. ed. São Paulo: Futura, 2000.

COCCO, G.; HOPSTEIN, G. **As multidões e o império**: entre globalização da guerra e universalização dos direitos. Rio de Janeiro: DP&A, 2002.

DAVIS, S. M. **La marca**: máximo valor de su empresa. México: Prentice Hall, 2002.

DEBORD, G. **A sociedade do espetáculo**. Tradução de Estela dos Santos Abreu. Rio de Janeiro: Contraponto, 1997.

DESIGN Guidelines. **Uber Developers**. Disponível em: <https://developer.uber.com/docs/riders/guides/design-guidelines>. Acesso em: 19 maio 2021.

DONDIS, D. A. **Sintaxe da linguagem visual**. São Paulo: Martins Fontes, 1997.

FARINA, M. **Psicodinâmica das cores em comunicação**. São Paulo: Edgar Luche, 1990.

FRAMPTON, K. **História crítica da arquitetura moderna**. São Paulo: Martins Fontes, 1997.

GARCIA, F. C. **Identidade e imagem da marca**: uma análise comparativa em uma empresa do setor de serviços de telecomunicações. 117 f. Dissertação (Mestrado em Administração) – Universidade Federal de Uberlândia, Uberlândia, 2016. Disponível em: <https://core.ac.uk/download/pdf/195894344.pdf>. Acesso em: 19 maio 2021.

GOMBRICH, E. H. **A história da arte**. Rio de Janeiro: LTC, 1993.

IDENTIDADE visual. **Bienal de São Paulo**. Disponível em: <http://www.bienal.org.br/identidadevisual>. Acesso em: 19 maio 2021.

INKBOT DESIGN. What is Brand Architecture? **Medium**, 2017. Disponível em: <https://medium.com/inkbot-design/what-is-brand-architecture-edab9aa55ee>. Acesso em: 19 maio 2021.

INPI – INSTITUTO NACIONAL DE PROPRIEDADE INDUSTRIAL. Disponível em: <https://www.gov.br/inpi/pt-br>. Acesso em: 19 maio 2021.

KREUTZ, E. A. Construindo marcas mutantes. **Chasqui**: Revista Latinoamericana de Comunicación, Quito, n. 119, p. 61-65, set. 2012. Disponível em: <https://revistachasqui.org/index.php/chasqui/article/view/120/132>. Acesso em: 19 maio 2021.

LEITE, F. G. **Projeto de Identidade Visual para marca de alimento produzido por projeto social**. 78 f. Trabalho de Conclusão de Curso (Graduação em Design Gráfico) – UniRitter Laureate International Universities, Porto Alegre, 2013.

LIBÉRIO, C. G. Indústria fotográfica e fotografia do séc. XX ao XXI. In: ENCONTRO NACIONAL DE HISTÓRIA DA MÍDIA, 9., 2013, Ouro Preto. Disponível em: <http://www.ufrgs.br/alcar/encontros-nacionais-1/9o-encontro-2013/artigos/gt-historia-da-midia-audiovisual-e-visual/industria-fotografica-e-fotografia-do-seculo-xx-ao-xxi>. Acesso em: 19 maio 2021.

LOGORAMA: a cidade dos logos. Direção: François Alaux, Hervé de Crecy e Ludovic Houplain. França: Autour de Minuit Productions, 2010. 16 min.

MAGALHÃES, A. C. C. Storytelling como recurso comunicacional estratégico: construindo a identidade e a imagem de uma organização. **Organicom**, v. 11, n. 20, p. 93-106, 1. Sem. 2014.

MARAZZI, C. A crise da *new economy* e o trabalho das multidões. In: COCCO, G.; HOPSTEIN, G. **As multidões e o império**: entre globalização da guerra e universalização dos direitos. Rio de Janeiro: DP&A, 2002.

MARTIN, E. Amazon triplica o lucro do terceiro trimestre e soma US$ 6,3 bilhões. **Valor Econômico**, São Paulo, 29 out. 2020. Disponível em: <https://valor.globo.com/empresas/noticia/2020/10/29/amazon-triplica-lucro-do-terceiro-trimestre-e-soma-us-63-bilhoes.ghtml>. Acesso em: 19 maio 2020.

MASCARELLO, F. (Org.). **História do cinema mundial**. Campinas: Papirus, 2006.

MATRIX Reloaded. Direção: The Wachowskis. Estados Unidos: Warner Bros. Pictures, 2003. 138 min.

MIRO. Disponível em: <https://miro.com/>. Acesso em: 19 maio 2021.

MODA LIVRE. Disponível em: <https://modalivre.org.br/>. Acesso em: 19 maio 2021.

MONET: A Estação Saint-Lazare. **Google Arts & Culture**. Disponível em: <https://artsandculture.google.com/story/bQKiOoXhWAzXLA?hl=pt-BR>. Acesso em: 19 maio 2021.

MORIN, E. **Cultura de massas no século XX**: neurose. Rio de Janeiro: Forense Universitária, 1997.

MUNARI, B. **Design e comunicação visual**: comunicação para uma metodologia didática. São Paulo: Martins Fontes, 1997.

NOTION. Disponível em: <https://www.notion.so/>. Acesso em: 19 maio 2021.

O QUE É propriedade intelectual? **Associação Brasileira da Propriedade intelectual**. Disponível em: <https://abpi.org.br/blog/o-que-e-propriedade-intelectual/>. Acesso em: 19 maio 2021.

PARANÁ. Secretaria da Educação. **Lygia Clark – série Bichos, 1960 a 1964**. Disponível em: <http://www.arte.seed.pr.gov.br/modules/galeria/detalhe.php?foto=61&evento=1>. Acesso em: 19 maio 2021.

PEÇANHA, V. O que é inboud marketing? Conheça tudo sobre o marketing de atração e desenvolva estratégias para atrair e conquistar clientes. **Rock Content**, 5 ago. 2020. Disponível em: <https://rockcontent.com/br/blog/o-que-e-inbound-marketing>. Acesso em: 19 maio 2021.

PEÓN, M. L. **Sistemas de identidade visual**. 4. ed. Rio de Janeiro: 2AB, 2009.

PINTO, T. M. **Cinema e educação**: entre o eu estético e o nós político – uma análise de experiências sensíveis a partir do projeto Cinema para Todos. 246 f. Dissertação (Mestrado em Mídia e Cotidiano) – Universidade Federal Fluminense, Niterói, 2015. Disponível em: <https://app.uff.br/riuff/bitstream/1/3868/1/DISSERTACAO_TATIANE0911.pdf>. Acesso em: 19 maio 2021.

PIRES, R. Conheça a buyer persona e a brand persona. **Rock Content**, 2019. Disponível em: <https://rockcontent.com/br/blog/buyer-persona-brand-persona/>. Acesso em: 19 maio 2021.

PRIVACIDADE hackeada. Direção: Karim Amer e Jehane Noujaim. Estados Unidos: Netflix, 2019. 113 min.

PROTEÇÃO sui generis. Instituto Federal do Norte de Minas Gerais, 25 abr. 2016. Disponível em: <https://www.ifnmg. edu.br/pesquisa/1276-protecao-sui-generis>. Acesso em: 19 maio 2021.

REAL Beleza de Dove celebra 10 anos. **Meio & Mensagem**, 23 jan. 2014. Disponível em: <https://www.meioemensagem. com.br/home/comunicacao/2014/01/23/real-beleza-de-dove-celebra-10-anos.html>. Acesso em: 19 maio 2021.

SEVCENKO, N. **A corrida para o século XXI**: no loop da montanha-russa. São Paulo: Cia. das Letras, 2001.

TEIXEIRA, F. C.; SILVA, R. D. V. de O.; BONA, R. F. O processo de desenvolvimento de uma identidade visual. In: CONGRESSO BRASILEIRO DE CIÊNCIAS DA COMUNICAÇÃO DA REGIÃO SUL, 8., 2007, Passo Fundo. **Anais...** Passo Fundo: Intercom, 2007. Disponível em: <http://www.intercom.org.br/papers/regionais/sul2007/resumos/r0187-1.pdf>. Acesso em: 19 maio 2020.

TENDÊNCIAS de consumo num mundo pós-covid-19. **Blog da Social Miner**. Disponível em: <http://blog.socialminer.com/people-marketing/tendencias-de-consumo-num-mundo-pos-covid-19/#more-7445>. Acesso em: 19 maio 2021.

WHEELER, A. **Design de identidade da marca**: um guia completo para a criação, construção e manutenção de marcas fortes. 2. ed. Porto Alegre: Bookman, 2008.

WHEELER, A. **Designing Brand Identity**: an Essential Guide for the Whole Branding Team. New Jersey: John Wiley & Sons, 2013.

Sobre
a **autora**

Anna Carvalho é doutora em Artes Visuais pela Universidade Estadual de Campinas (Unicamp), mestre em Comunicação pela Faculdade Cásper Líbero e graduada em Comunicação também pela Unicamp. Trabalhou com fotografia, cinema, produção cultural e docência nos cursos de Produção Audiovisual e Sistemas para Internet e na Pós-Graduação em Mídias Digitais no Centro Universitário UniMetrocamp. Atualmente, é pesquisadora, redatora publicitária, desenvolve projetos e conteúdos para ensino a distância e realiza ações para promover a leitura de livros escritos por mulheres por meio do Coletivo Virginia.

Os papéis utilizados neste livro, certificados por
instituições ambientais competentes, são recicláveis,
provenientes de fontes renováveis e, portanto, um meio
responsável e natural de informação e conhecimento.

Os livros direcionados ao campo do *design* são diagramados com famílias tipográficas históricas. Neste volume foram utilizadas a **Caslon** – desenhada pelo inglês William Caslon em 1732 e consagrada por ter sido utilizada na primeira impressão da Declaração de Independência Americana – e a **Helvetica** – criada em 1957 por Max Miedinger e Eduard Hoffmann e adotada, entre outros usos, no logotipo de empresas como a NASA, a BBC News e a Boeing.

Impressão: Reproset
Maio/2022